Perfekt schwul!

Für Anfänger und Fortgeschrittene

Stephan Kring

Perfekt schwul enthält zahlreiche Textpassagen
und Anregungen aus dem Buch

The Unofficial Gay Manual,

das 1994 bei Bantam, Doubleday, Dell Publishing Group, Inc.
(A Main Street Book), New York, New York erschienen ist.

© 1994 Kevin DiLallo and Jack Krumholtz
© für die deutschsprachige Adaption Stephan Kring
© für die deutschsprachige Ausgabe Querverlag GmbH

Erste Auflage September 1996

Umschlag und graphische Realisierung von Sergio Vitale unter Verwendung
einer Fotografie von Bernhardt Link
Gesamtherstellung: Clausen & Bosse
ISBN 3-89656-010-7
Printed in Germany

Bitte fordern Sie unser Gesamtverzeichnis an:
Querverlag GmbH, Akazienstraße 25, D-10823 Berlin

Inhalt

Vorwort 7

Wenn ein Mann einen Mann liebt
Schwul für Anfänger 8

Es werde Licht!
Das Coming-out 32

Absolutely Fabulous!
Ausseh'n wie ein Mann, nur schöner 58

Von IKEA bis Ikebana
Schwuler Wohnen und Einrichten 78

She works hard for her Money
Schwul im Job 98

Kinder, heut' abend, da such ich mir was aus
Männerfang 112

Auf ewig Dein
Die schwule Lebensgemeinschaft 142

Kinder des Olymp
Schwule Kultur 168

Dann mach ich mir 'nen Schlitz ins Kleid
Schwule Lebensart 188

Anhang 217

Vorwort

Lieber Leser!

Ich werde „du" sagen und annehmen, daß du ein schwuler Mann bist. Einverstanden? Falls du zufällig ein Hetero, eine Frau oder (in welcher Hinsicht auch immer) noch unentschlossen sein solltest: Mach dir nichts draus. Auch für dein Problem gibt es eine Lösung!

Was es hier nicht gibt, sind Patentrezepte. Alle Tips und Tricks in diesem Buch entspringen den Erfahrungen vieler schwuler Männer. Nimm sie als Anregung und Denkanstoß, und mache für dich selbst das Richtige daraus. *Perfekt schwul* kann dir Orientierung geben – deinen Weg mußt du aber selbst finden.

Seit Stonewall hat sich die schwule Welt gewaltig verändert. Endlich haben wir die Freiheit, unser Schwulsein offen und glücklich zu leben. Leider gilt das noch längst nicht für alle Schwulen: Aids, Armut und Unterdrückung machen Millionen unserer Brüder und Schwestern das Leben zur Hölle. Vergessen wir sie nicht, auch wenn dies ein lustiges Buch ist!

Perfekt schwul bedeutet freche Philosophie und praktische Problemlösungen zwischen Coming-out und schwuler Ehe, Cruising und Karriere, Lebensart und Lederjacke. Wir begegnen Traumprinzen, Trümmertunten, Stars und Strichern, dominanten Müttern und göttlichen Diven.

Viel Spaß!

Stephan Kring

Matthias Frings

Let's talk about sex ... Als Journalist und Buchautor verdiente er sich die ersten Sporen. Der Durchbruch kam per TV – mit *liebe sünde* wurde Frings zum Quotenrenner und endlich allgemein anerkannten Fachmann für Sexualität. Er ist ganz anders als sein 60er-Jahre-Vorgänger Oswalt Kolle, dessen betulich-belehrende Aufklärungsfilme uns heute bestenfalls antiquiert erscheinen, oder die vielen Möchtegern-Nachahmer mit ihren voyeuristischen Peep-Programmen: Ruhig, sachlich, ohne grelle Effekte oder peinliches Gekicher, gibt Frings die „schönste Nebensache der Welt" in all ihren Facetten wieder. Auch so kann man erfolgreich für Verständnis und Toleranz werben.

Wenn ein Mann
einen Mann liebt

Schwul für Anfänger

▷ Wer ist der Schwule an sich? Er lebt in einer Metropole, ist aber in der Provinz (grundsätzlich: „tiefster") aufgewachsen. Mit seinen durchschnittlichen 35 Jahren sieht er aus wie 30 und macht mit allen Mitteln auf 25. Oder er sieht aus wie 27, macht auf 17 und verkehrt in der Technoszene. Verkehren tut er überhaupt gerne. Dabei entwickelt er mitunter große Phantasie und Leidenschaft. Oder Ausdauer.

Lassen wir das. Es gibt ihn nicht, den Schwulen an sich – so wenig wie den Mann, den Schwarzen oder den Chinesen an sich.

Das eigentlich Besondere an uns Schwulen liegt nicht an der Oberfläche. Es ist unsere innere Freiheit: Ein Schwuler braucht schon viel Mut, Stolz und Selbstbewußtsein, um im Coming-out sich selbst zu finden. Er braucht Kraft, um offen sein schwules Leben zu führen. Auch heute noch. Aber sich zu verstecken kostet ebenfalls Kraft – die dem wirklichen Leben verloren geht. Der bekennende Schwule kann seine Kraft für sich nutzen. Und er tut es: So haben wir uns eine ganze eigene Welt geschaffen.

Wir Schwulen haben unsere eigenen Götter. Früher waren sie meist weiblich und aus dem Showbiz; heute sind sie vorwiegend männlich und aus der Werbung. Wir haben eine eigene Sprache, haben unsere speziellen Sitten und Gebräuche, sogar Gesetze – wenn auch ungeschriebene. Von L.A. bis Lodz schwärmen (fast) alle Schwulen für die gleichen Männer, tanzen zur gleichen Musik und tragen die gleichen Moden. Immer um eine Nasenlänge dem Mainstream voraus.

Bestimmte Schallplatten, Bücher und Zeitschriften finden sich fast in jeder beliebigen Schwulenwohnung. Vermutlich ist diese Wohnung raffiniert durchgestylt, und der Kleiderschrank vollgestopft mit Klamotten der Kategorie letzter Schrei. Das

Liebesleben des schwulen Berliners gleicht dem seiner Brüder in Zwickau oder Zürich, New York oder Altötting wie ein Ei dem anderen – von der schnellen Nummer über die flüchtige Beziehung bis zum Mann fürs Leben. Spricht ein Schwuler von Marlene, wissen seine Freunde: Dietrich. Sagt er *Thelma und Louise*, meint er Brad Pitt.

Trotzdem ist homophil nicht gleich homogen. Oberflächlich betrachtet, haben die schrille Fummeltunte und der ketten-behängte Lederbär kaum mehr gemeinsam als Baptisten und Buddhisten. Die schwule Welt wäre ärmer, wenn nicht ab und zu ein halbnacktes, schweißglänzendes Techno-Kid der versace-bekleideten Nobeltrine den Pommery über die Rolex kippte ...

> Wenn ich in die schwule Szene gehe, sehe ich jede Menge völlig verschiedener Menschen. Nur weil sie schwul sind, heißt das noch lange nicht, daß sie irgend etwas miteinander gemeinsam haben müssen.
>
> *Marc Almond*

Doch haben alle Schwulen gemeinsame Erfahrungen: von der ersten leisen Ahnung des „Anders als die anderen"-Seins über die zweifelsfreie Selbsterkenntnis bis zum Coming-out; vom Leben in zwei Welten, die leider häufig nicht zueinander passen wollen. Aber fangen wir mit der grundlegendsten aller schwulen Gemeinsamkeiten an: der Frage nach dem Ursprung.

> Die Männerliebe ist so alt wie die Menschheit, und man kann daher sagen, sie liege in der Natur.
>
> *Johann Wolfgang von Goethe*

Wer könnte es besser sagen als Goethe, der auch als Wissenschaftler und Liebhaber groß war? Doch des Dichters Weisheit befriedigt nicht: Trotzdem wird nach dem „schwulen Gen" geforscht. Trotzdem werden hahnebüchene Theorien verbreitet — wenn sie auch weniger Substanz haben als der allerletzte Stringtanga bei den *Chippendales*. Hier die beliebtesten Mythen:

Mit der Nabelschnur gefesselt
Die Dominante Mutter

Man nehme je ein Drittel Mutter Beimer, Alexis Carrington-Colby und Margaret Thatcher. Das Ganze wird zu einem glatten Teig verrührt. Daraus eine weibliche Überfigur formen. Fertig ist die Dominante Mutter (DoMu). Eine DoMu weiß genau, was für ihren Sonnenschein das Beste ist. Und was nicht. Darum betreut sie bei der Klassenfeier ihres Siebenjährigen

freiwillig das Plätzchenbacken: Die DoMu will Klein-Boris im Auge behalten und nebenbei ein paar ihrer steinharten Makronen ins Brett der Lehrerin nageln! Ein erster Schritt auf Boris' langem Weg zum Doktortitel. Später erwartet die DoMu eine Gegenleistung für all die Opfer, die sie gebracht hat – selbstverständlich *nur zu seinem Besten*!

> Für mich war jeder Tag Muttertag.
> *Der Münchener Schickimicki-Schneider Rudolph Moshammer und seine Mutter Else waren bis zu deren Tod unzertrennlich.*

Sie will aus dem Sohn ihr männliches Ebenbild formen. Dann soll er heiraten – genau so eine wie Mami. Übertreibt die DoMu, wird ihr Sproß allerdings kein Mädchen *heiraten*, sondern eines *werden*. Statt Autos zu frisieren und die Sportschau anzuschauen, wird er sich eine Dauerwelle verpassen und die *Lindenstraße* auswendig lernen – so die Theorie. Die Erfahrung lehrt: Es gibt keinen Zusammenhang zwischen DoMu und schwulem Sohn. Unzählige DoMu-Söhne werden stinknormal. Gewalttätige Psychopathen, aber stinknormal. Umgekehrt haben auch normale Mütter schwule Söhne. Also auf zum nächsten Erklärungsversuch!

Das Vorbild fehlte
Der Abwesende Vater

Das traditionelle Familienmodell Papa-Mama-Kind hat Konkurrenz bekommen. Das Gute an dieser Entwicklung: Beziehungen ohne Trauschein, unehelich geborene Kinder und Singles über 30 werden nicht mehr wie Außerirdische (oder Schlimmeres) betrachtet. Wenn aber der Vater immer mehr aus dem Familienalltag verschwindet, hat das auch Nachteile. Papa macht Karriere, die Kinder machen, was sie wollen. Hier setzt die Theorie an: Manche Psychologen behaupten, ohne engen Kontakt zum Vater fehle dem Sohn ein positives männliches Vorbild. Der Sohn lerne nicht, was einen Mann zum Mann macht – die Entwicklung zum Schwulen sei vorprogrammiert.

Diese Theorie hinkt auf sämtlichen Füßen: Gerade der Schwule
lernt schon beizeiten, wie und wozu er ein „richtiger" Mann sein
muß. Den Macker kann sowieso jeder raushängen lassen. Ein
wirklicher Mann braucht vor allem Mut und Selbstachtung.
Wenn ein Vater dies seinem Sohn vermitteln kann, darf er sich
die Lifestyle-Beratung schenken. Kann der Vater es nicht, darf
er sich alles schenken. Selbst gänzlich vaterlose Familien produzieren schließlich nicht mehr schwule Söhne als andere auch.

Verführe mich in Versuchung
Der Freundliche Pfarrer und andere Respektspersonen

Hormonskandale gibt es nicht nur in der Viehzucht. Auch der
Vatikan kann davon ein Ave Maria sin-
gen. Nicht jeder Priester bleibt ewig
keusch, und nicht jeder Fehltritt bleibt
ewig geheim – sehr zur Freude der
Regenbogenpresse. Trotzdem hat Pfarrer Schulze nichts zu tun mit Jochens
„Neigungen". Er nicht, und auch kein
anderes männliches Vorbild des Jung-
schwulen. Doch die Eltern suchen verzweifelt nach Schuldigen. Selbst hinter
Jochens Freizeitaktivitäten sehen sie
nur noch die beteiligten Männer. Dabei
ist ihr Sohn nur auf das Drumherum
scharf! Beispiele: *Meßdiener* – erste
Gehversuche als Fummeltrine (mit dem
Segen des Papstes!). *Pfadfinder* –
früher Hinweis auf späteren Uniform-
fetischismus. *Turnverein* – zeitiges
Streben nach breiten Schultern und
knackigem Po. *Theaterworkshop* –
herrlich, diese Schminke ... Alles klar?!

Grundgütiger: Jetzt werden auch
noch die Polizisten schwul!

Was aber, wenn der Pfarrer, Lehrer oder Trainer sich tatsächlich an seinem Schützling vergreift? Ein traumatisches Erlebnis für das Opfer! So wird selbst dem neugierigsten Pubertierenden jede Lust am Sex abgewöht, aber nicht der werdende Hetero zum Schwulen umfunktioniert. Was ein schwuler Junge wirklich braucht, ist ein positives schwules Vorbild – keine Erziehung zu Angst oder Selbsthaß.

Die nüchterne Wahrheit
Alles reine Glückssache

Genforscher vermuten, daß irgendein klitzekleines Stückchen Chromosom hinter allem steckt. Laut ihren Theorien schaffen ein paar Zeilen Erbinformation die biologischen Voraussetzungen für ein schwules Leben. Der Rest sei erlerntes Verhalten.

Zumindest dieser Teil der Theorie ist sicher richtig: Wie jedes angeborene Talent muß auch das Schwulsein entdeckt und gefördert werden. Sonst endet das genetische Glückskind als armseliger Stino mit ödem Sexleben. Die entscheidende Frage ist also nicht, was dich schwul werden läßt, sondern was dir die

Kraft gibt, es zu *sein*. Hier kommen die Umwelteinflüsse ins Spiel: Schwulsein ist schwer, jedenfalls am Anfang. Wer wird schon gerne von den Schulkameraden „Schwuchtel" gerufen? Die Angst vor Zurückweisung kann stärker sein als der Wunsch nach Ehrlichkeit mit sich selbst. Überwinde die Angst. Sei ehrlich zu dir. Dann kann das schwule Leben einfach Spaß machen!

Zehn Prozent?
Wie schwul ist Deutschland?

Niemand weiß, wie viele Schwule und Lesben bei uns leben. Auch nicht die Statistiker. Handelsübliche Schätzungen bewegen sich zwischen einem und zwanzig Prozent. Als die Los Angeles Times 1985 eine Telefonumfrage machte, outeten sich zehn Prozent der Angerufenen. Die Berliner Polizei, normalerweise für niedrige Schätzungen bekannt, wähnt mit 300.000 Menschen zwar weniger als ein Zehntel der Hauptstadtbevölkerung homo. Darunter sollen allerdings 200.000 Schwule sein – fast jeder achte Mann von der Spree lebt also am anderen Ufer. Die Gestade der mecklenburgischen Seen und entlegenere Regionen der Ostschweiz dürften etwas niedrige Werte erreichen.

Schwule lieben Ballungszentren. Und wo sie sich ballen, ballen sie sich besonders dicht. Ganze Stadtviertel reißen sie sich unter ihre stets gepflegten Nägel. Aber gerade wo Schwule das Straßenbild prägen, gerät eines leicht in Vergessenheit: Die meisten von uns leben immer noch im Versteck. Wirklich offen

Ein wahrhaft erstklassiges Beispiel für die Fragwürdigkeit von Prozentzahlen: Die Kleine in der oberen Reihe ist definitiv *nicht* schwul. Ihre Lebensgefährtin verbürgt sich dafür.

schwul ist, nach (leider ebenfalls vagen) Schätzungen, wieder nur ein klägliches Prozent der Homosexuellen. Vielleicht auch zehn oder fünfzig Prozent, jedenfalls längst nicht alle Schwulen.

Es gibt viele Gründe, den heterosexuellen Untergrund der schwulen Subkultur vorzuziehen. Sogar verständliche: Viele ältere Schwule können sich auf die neue Toleranz nicht mehr einstellen. Sie wurden geprägt von Rosa Listen und z.B. in Deutschland einem §175, der bis 1969 noch in der Original-Naziversion galt. Mancher bleibt auch lieber bei seiner langjährigen Ehefrau, als sich auf seine alten Tage in die schwule Ungewißheit zu stürzen. Für diesen Schwulen kommt das Ganze ein paar Jahrzehnte zu spät. Andere verbergen sich aus Dummheit, Feigheit, Opportunismus oder, weil sie die falsche Kleidergröße haben. Schwule sind überall. Auch da, wo sie keiner vermutet.

Gaystory
Berühmte und wichtige Schwule aus drei Jahrtausenden

Schwule haben weit mehr zur Geschichte beigetragen als aufsehenerregende Skandale und Frisuren. Es wird z.B. behauptet, sie hätten die Renaissance eingeleitet — um biblische Szenen voll schöner nackter Männer malen zu können. Die sprichwörtlichen alten Griechen haben die Liebe zwischen Männern nicht nur akzeptiert, sondern verehrt. In seinem *Symposion* preist Plato im 4. Jahrhundert v. Chr. ein damals berühmtes schwules Paar:

„Vor allen ehrten die Götter den Achill, Sohn der Thetis. Sie sandten ihn zu den Inseln der Glückseligen. Aus Treue zu seinem Liebhaber Patroclos wählte er ohne Zögern den Tod. Nicht um Patroclos zu retten, er war bereits getötet worden, sondern um ihm zu folgen. Die Götter waren voller Bewunderung und gaben ihm die größte Ehre, weil er seinen Liebhaber so sehr schätzte."

Plato ist nur einer von vielen prominenten Schwulen. Einige der berühmtesten sind:

Alexander der Große (geb. 356 v. Chr.), König von Mazedonien und Eroberer von halb Asien. Militärisches Genie und rachsüchtige Tunte: Den Arzt, der Alexanders Geliebten nicht retten konnte, ließ er kreuzigen. Auch mit einem Beamten, der seinen Eunuchen-Lover verspottete, machte Big Alex kurzen Prozeß.

Caius Julius Caesar (geb. 100 v. Chr.), römischer Kaiser, ließ sich von einem Vasallen bumsen. Cicero hielt die Geschichte für die Nachwelt fest. Später brachte ein anonymer Autor Roms beliebteste Sexualpraktik mit dem Namen der Stadt in Verbindung: „Roma ist Amor von hinten"!

Richard Löwenherz (geb. 1157), König von England und Liebhaber des französischen Königs **Philippe**. Richards spätere Ehe blieb nicht nur kinderlos, der Papst erkannte sie gar nicht erst an. Nach Richards Tod mußte die Witwe den Alten in Rom verklagen, um an die Rente zu kommen.

Edward II (geb. 1284), König von England, trieb es lieber mit seinen langjährigen Verhältnissen **Piers Gaveston** und **Hugh Le Despenser** als mit seiner königlichen Gemahlin. Hugh wurde für seine Homosexualität mit Kastration und Enthauptung bestraft. Edward schob man eine glühende Eisenstange in den Arsch. Probier das lieber nicht aus!

Leonardo da Vinci (geb. 1452), italienisches Universalgenie und Pionier der schwulen Günstlingswirtschaft: Er engagierte seine Assistenten wegen ihres Aussehens und vererbte ihnen sein Vermögen. Das geheimnisvolle Lächeln der Mona Lisa deuten manche als Selbstporträt in Frauenkleidern. Mit anderen Worten: Die Tunte macht: „Ätsch"!

Michelangelo Buonarotti (geb. 1475), noch ein genialer Italiener, schuf nicht nur als Maler und Bildhauer Meisterwerke wie den David und die Sixtinische Kapelle, sondern verfaßte auch schwule Liebesgedichte an **Tommaso Cavalieri**.

William Shakespeare (geb. 1564), englischer Dichter und Bühnenautor, schrieb Sonette an einen Mann, den er „Meisterin  seiner Leidenschaft" nannte. Trotzdem ist seine Homosexualität umstritten. Aber, hätte ein Hetero den *Sommernachtstraum* schreiben können?

Voltaire (geb. 1694), französischer Schriftsteller mit umstrittener Beziehung zu **Friedrich dem Großen** und früher Gegner antischwuler Strafgesetze. Auf die Frage, ob er ein zweites Mal schwulen Sex versuchen würde, soll er allerdings geantwortet haben: „Beim ersten Mal ist man ein Philosoph. Beim zweiten Mal ein Sodomit."

Friedrich der Große (geb. 1712), König von Preußen und unglücklicher Liebhaber des Leutnants **Hans von Katte**: Ein Fluchtversuch der beiden scheiterte, Katte wurde enthauptet, und Friedrich mußte dabei zusehen. In seinem Sommersitz Sanssouci schrieb der „Alte Fritz" schwule Liebeslieder.

James Buchanan (geb. 1791), war 15. Präsident der Vereinigten Staaten von Amerika. Der einzige unverheiratete Herr des Weißen Hauses teilte sein Schlafzimmer mit dem 22jährigen Senator **William Rufus DeVane King**, genannt „Miss Nancy" oder „Tante Fancy".

Hans Christian Andersen (geb. 1805), dänischer Märchenonkel. Oder -tante? Wurde von einem älteren Dichter ausgehalten. Seine Geschichten wimmeln von schönen Prinzen und knackigen Knechten.

Herman Melville (geb. 1819), amerikanischer Schriftsteller, verfaßte u.a. *Billy Budd* (der „Schöne Seemann") und *Moby Dick* (wo Ishmael mit Quiqueg ins Bett hüpft). Melvilles unerfüllte Liebe war der Hetero-Autor **Nathaniel Hawthorne.**

Peter Iljich Tschaikowsky (geb. 1840), russischer Komponist des *Nußknacker* und anderer Meisterwerke. Nur ein Schwuler könnte doch wohl den *Tanz der Zuckerfee* schreiben! Seine Ehefrau befriedigen konnte er indes nicht, sie mußte fremdgehen und kam schließlich in die Klapsmühle.

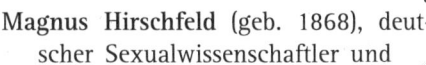

Oscar Wilde (geb. 1854), irischer Schriftsteller und schwuler Märtyrer: Er kam wegen „Sodomie" ins Gefängnis. Wilde hielt nicht viel von Anstand und Moral: „Sittlichkeit ist das Verhalten, mit dem wir Leuten begegnen, die wir nicht mögen."

Magnus Hirschfeld (geb. 1868), deutscher Sexualwissenschaftler und Pionier der schwulen Emanzipation: Er setzte sich schon 1897 für die Abschaffung des schwulenfeindlichen §175 ein. 1918 gründete er in Berlin das *Institut für Sexualwissenschaft*, wo bis zu dessen Schließung durch die Nazis 1933 viele Homosexuelle Rat und Hilfe fanden.

Winston Churchill (geb. 1874), britischer Literaturnobelpreisträger und Premierminister. Churchill war nicht schwul, hat es aber ausprobiert: „(...) ich habe mit einem geschlafen, um zu

sehen, wie es ist". Das Testergebnis umschrieb er mit „musikalisch".

W. Somerset Maugham (geb. 1874), britischer Schriftsteller. Sagte von sich selbst, sein größter Fehler sei gewesen, daß er „ein Viertel normal war und drei Viertel schwul, aber ich wollte mir einreden, es sei umgekehrt."

Cole Porter (geb. 1891), amerikanischer Komponist unsterblicher Songs mit schwulen Interpretationsmöglichkeiten: *Anything goes, My heart belongs to daddy*, oder – noch deutlicher – *„But if, baby, I'm the bottom, you're the top"*!

Rudolpho Valentino (geb. 1895), Filmstar mit, wie es damals hieß, „großer Begabung" ... Er hielt seine schwulen Abenteuer voll „wilder Leidenschaft" übrigens im Tagebuch fest!

Ernst Röhm (geb. 1897), deutscher „Politiker", war maßgeblich am Aufbau der NSDAP und der SA beteiligt. Am 1. Juli 1934 wurde er in einer von Hitler persönlich geleiteten Säuberungsaktion ermordet.

Gustaf Gründgens (geb. 1899), deutscher Schauspieler, Regisseur und Theaterleiter mit zwiespältiger Geschichte im Dritten Reich. Seine Ehe mit **Marianne Hoppe** kommentierten die Berliner so: „Die Hoppe und der Gründgens, die haben keine Kindgens, und das hat seine Gründgens."

Klaus Mann (geb. 1906), deutscher Schriftsteller und Sohn des ebenfalls angeschwulten *Tod in Venedig*-Autors Thomas Mann. Sein schwulster Roman ist *Der fromme Tanz*. Klaus Mann hatte u.a. ein Verhältnis mit seinem seinerzeitigen Schwager **Gustaf Gründgens**.

Jean Genet (geb. 1910), französischer Schriftsteller, verklärte bildreich und schwärmerisch den sexuellen Außenseiter zum fast mythischen Ausnahmewesen. Seine langjährige Partnerschaft mit dem Schauspieler **Jean Marais** gilt als klassisches Beispiel schwuler Liebesbeziehung bis zum Tod.

Tennessee Williams (geb. 1914), amerikanischer Bühnenautor, schuf Klassiker wie *Endstation Sehnsucht*, *Die Glasmenagerie* und *Die Katze auf dem heißen Blechdach*. Gilt als erste offen schwule Berühmtheit in den USA.

Gore Vidal (geb. 1925), amerikanischer Schriftsteller (*Der geschlossene Kreis*), schrieb das Drehbuch zu *Ben Hur*. Auf die Frage, ob er seinen ersten Sex mit einem Mann oder mit einer Frau hatte, gab er salomonisch Antwort: „Ich weiß es nicht. Ich war zu höflich, danach zu fragen."

Rock Hudson (geb. 1925), amerikanischer Schauspieler, gab in den Filmen der spießigen 50er und 60er Jahre den klassischen Hetero-Liebhaber. Erst sein Aids-Tod 1985 offenbarte Hudsons krampfhaft geheimgehaltene Homosexualität – und rüttelte die US-amerikanische Öffentlichkeit endlich wach.

Alfred Biolek (geb. 1935), deutscher Talkmeister und offen schwuler Fernsehliebling der Nation. Seine selbstverständlich an den TV-Tag gelegte Tuntigkeit leistet einen unschätzbaren Beitrag zur gesellschaftlichen Akzeptanz der Homosexuellen.

Rosa von Praunheim (geb. 1946), deutscher Regisseur. Sein 1971 uraufgeführter Film *Nicht der Homosexuelle ist pervers, sondern die Situation, in der er lebt* war bahnbrechend für die schwule Befreiungsbewegung in Deutschland und darüber hinaus.

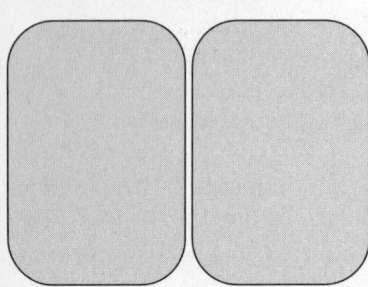

Greg Louganis (geb. 1960), amerikanischer Kunstspringer, mehrfacher Weltmeister und Olympiasieger. Zog sich in Seoul 1988 bei einem mißglückten Sprung eine blutende Wunde am Kopf zu. Als später seine HIV-Infektion bekannt wurde, löste dies nachträglich hysterische Reaktionen aus.

Du selbst und **dein Freund** (geb. 19??): die wichtigsten Schwulen aller Zeiten. Wer sonst?

Hier bitte Paßbilder einkleben!

Wie John Wayne als kleines Mädchen
Schwule Klischees

„Sie nennen mich Tunte, Homo, schwule Sau", sang Klaus Hoffmann 1979. An Beschimpfungen und platten Stereotypen hat es unserer Zunft nie gemangelt; zumindest da entwickeln selbst die Stinos eine blühende Phantasie. Der Hollywood-Film z.B. stellt uns vorzugsweise als alternde Unglücksraben mit bil-

> Mit diesem Auftreten — wer wird mich schon für schwul halten? Sehe ich etwa aus wie ein Schwuler? Rede ich etwa wie sie? Bewege ich mich wie sie?
>
> *Schauspieler Mel Gibson gewann*
> *1992 den „Sissy Award" für homophobes Verhalten*

ligen Toupets oder unpassend jugendlichen Frisuren (oder beidem) dar. Wir können weder einen Ball werfen noch auf zwei Fingern pfeifen und verbergen unseren Gram darüber unter zentimeterdicker Schminke. Beim Gehen wackeln wir grundsätzlich mit dem Hintern, selbst wenn wir ausnahmsweise mal keine hochhackigen Schuhe tragen – was selten vorkommt. Normalerweise gehen wir nämlich sogar mit denen ins Bett. Und natürlich mit jedem Kerl, dessen wir irgendwie habhaft werden können.

Wir Schwulen lassen und allesamt grundsätzlich und ausschließlich in den Arsch ficken (dann fragt sich bloß, von

> Wir versuchen keineswegs, Frauen zu imitieren.
> *Tennessee Williams*

wem?) und leiden deshalb schon in jungen Jahren an Inkontinenz. Unsere unterentwickelten Muskeln (verweichlicht!) erlauben keine körperlich anstrengenden Tätigkeiten. Jeder Balletttänzer kann das bestätigen, schließlich sind die ja alle schwul. Genau wie Friseure und Modeschöpfer. Wir Schwulen sind total feige und denken immer nur an Sex. Deswegen taugen wir nicht fürs Militär, was spätestens seit Alexander dem Großen erwiesen ist. Wir wollen lieber eine Frau sein. Deswegen benehmen wir uns auch so.

Wir heulen und kreischen dauernd. Wir können stundenlang Klatschgeschichten erzählen, wobei wir kleine Platzdeckchen klöppeln und tiefrote Lippenstiftspuren an den Mokkatäßchen hinterlassen. Von den vielen Hormonen kriegen wir mehr Pickel als die chinesische Sport-Elite, und von den Pickeln kriegen wir dann wieder Weinkrämpfe, Wutanfälle und Migräne. Wenn wir gerade mal kein Östrogen schlucken, nehmen wir Drogen und besaufen uns, weil wir so unglücklich sind. Zwischendurch verführen wir Minderjährige, die dann natürlich auch schwul werden.

Optimiere deinen (Stereo-) Typ
Ist dein kleiner Bruder oder Neffe schwul?

Wie kannst du wissen, ob der schwul ist? Was kümmert's dich überhaupt? Fest steht: Es gibt keinen bestimmten Weg zum Schwulsein, kein eindeutiges Anzeichen oder spezielles Merkmal. Ob ein Junge lieber Fußball oder mit Puppen spielt – das sagt absolut nichts. Wie folgende Beispiele belegen:

Vor dem Coming-out

Beispiel 1: Das Sensibelchen

1. Wird leicht rot
2. Kennt die Namen aller Mitwirkenden vom *Marienhof*
3. Stets saubere Fingernägel
4. Schreibt den Großeltern Briefe
5. Hat ein gutes Verhältnis zu den Mädchen in der Nachbarschaft
6. Hört *Rosenstolz*
7. Läßt sich vom Sportunterricht befreien
8. Ist der Klassenbeste

Beispiel 2: Der Wildfang

1. Lügt, ohne rot zu werden
2. Kennt die Namen aller Bundesligaspieler
3. Niemals saubere Ohren
4. Schreibt die Hausaufgaben ab
5. Hat mit allen Mädchen in der Nachbarschaft ein Verhältnis
6. Hört *Rolling Stones*
7. Läßt sich vom Kunstunterricht befreien
8. Ist der Klassenclown

Nach dem Coming-out

1. Trägt italienische Schuhe
2. Liebt Bette-Midler-Videos
3. Nimmt Tennisstunden
4. Abonniert *Die Zeit*
5. Ist Mitglied im Schwulenchor
6. Trägt Anzüge von Versace
7. Führt regelmäßig Tagebuch
8. Hat sich aus Gran Canaria ein Paella-Rezept mitgebracht

1. Fährt italienische Sportwagen
2. Liebt Jeff-Stryker-Videos
3. Gibt Tennisstunden
4. Abonniert *Playgirl*
5. Ist Mitglied der schwulen Cheerleader
6. Trägt Unterwäsche von „MEC Mailorder"
7. Nimmt regelmäßig Ecstasy
8. Hat sich aus Gran Canaria Filzläuse mitgebracht

Fairy Ultra
Fummeltrinen

Sie sind das Aaah und Oooh jeder schwulen Party, das Tüpfelchen auf dem Igitt der Szene: Fummeltrinen. Meistens kommen sie zu dritt, zwei davon unendlich aufgedonnert, die dritte eine Schlampe (haarige Brust, hängender Spaghettiträger, verschmierter Lippenstift, Laufmasche oder abgebrochener Stöckel). Sie schweben auf einer atemberaubenden Parfümwolke, fast so groß wie das Ozonloch über der Antarktis – zu dem sie ein gut Teil beigetragen haben. Die Größte in solchen Trinentruppen ist grundsätzlich 1,98 m lang, trägt dazu 20 cm-Absätze sowie eine pompöse Perücke und muß sich deshalb vor Deckenventilatoren in acht nehmen. In den

Merke: „damenhaft" und „dämlich"
ist nicht so ganz dasselbe!

Bann schlagen sie uns aber nicht nur optisch und olfaktorisch. Fummeltrinen sind immer auch *laut*.

Sie sind die Kometen im schwulen Universum, schillernde Irrläufer in unendlicher Einsamkeit. Von allen bestaunt, kann die Fummeltrine doch nirgendwo richtig landen.

> Ich habe die erschreckende Haltung einiger Schwuler gegenüber Fummeltrinen und Transvestiten miterlebt – dieses „Laßt uns die Transen bloß im Hintergrund halten!".
>
> *Marc Almond*

„Zu schrill", „zu zickig", „Wenn ich mit Mädchen schlafen wollte, wäre ich ja nicht schwul" – der *normale* Schwule hält

Distanz. Die Fummeltrine verkörpert den Teil von ihm, vor dem er sich noch immer fürchtet. Ein Stück unbewältigtes Coming-out in Rüschen und Pailletten: „*Ich doch nicht!*"

Womöglich sollte jeder Schwule wenigstens einmal im Leben Pumps und Fummel tragen. Danach wird er den altchinesischen Brauch, Frauenfüße zu verstümmeln, in weit milderem Licht sehen. Vielleicht wird er auch seine schrille Schwester ein wenig mehr respektieren – und aufhören, vor sich selbst Angst zu haben.

So schön kann doch kein Mann sein
Sind alle gutaussehenden Männer schwul?

„Wer so gut aussieht, muß einfach schwul sein!" Ja ja, Hetero Frauen haben schon ihre ganz speziellen Probleme mit uns. An die schönsten Männer kommen sie einfach nicht ran: Entweder sind die schwul oder zumindest schon vergeben. Meistens beides. Trotzdem haben fast alle Frauen ein Herz für Homos.

> Homosexuelle sind die besten Freunde, weil sie dich als Frau wahrnehmen und nie eifersüchtig sind. Sie lieben dich, machen daraus aber nie einen Psychoterror.
>
> *Bianca Jagger*

Wir sind z.B. die einzigen Männer, mit denen sie sich über *wirklich* wichtige Dinge unterhalten können — etwa die neue Frisurenmode oder Fußpflege-Tips. Keine sexuelle Spannung kann das Verhältnis zwischen Schwulen und Frauen trüben. Wir machen nicht *sie* an, sondern höchstens ihren Salat. Unter Umständen auch ihren Verlobten.

> Für viele Homosexuelle ist eine Freundschaft zu einer Frau oft die einzige kontinuierliche Beziehung zu einem anderen Menschen.
> *Die Sexualwissenschaftler Martin Dannecker und Helmut Reiche*

Viele Schwule haben eine Beste Freundin. Die beiden verstehen sich hervorragend und stecken bei jeder Gelegenheit, wenn schon sonst nichts, dann wenigstens die Köpfe zusammen. Sie besprechen miteinander die intimsten Dinge: ihre letzten eroti-schen Abenteuer (Pro und Kontra) oder ihre nächsten (Wen, Wann und Wie), Fußpilz und Hämorrhoiden. Niemandem sonst würden sie das anvertrauen. Wenn *er* den Mann fürs Leben fin-det, wird *sie* es als erste erfahren. Verweigert *sie* ihr offizielles Gütesiegel, schiebt *er* den Knaben ohne Zögern wieder in die kalte Nacht. Wenn *sie* den Mann ihrer Träume findet, wird wiederum ihr schwuler Freund es als erster wissen. *Sehen* wird er den Stecher allerdings erst bei der Taufe ihres ersten Kindes – *sie* ist ja nicht blöd!

„Brenzlig" wird die Beziehung zwischen Frau und schwulem Mann eigentlich nur, wenn *sie* „es" nicht von Anfang an weiß. Die Nachricht, daß der Freund ihr niemals wirklich nahetreten wird, könnte *sie* auf dem falschen Fuß erwischen. Der womög-lich schon im Brautschuh steckt.

Jetzt gibt es drei mögliche Reaktionen:
- Sie zieht sich zurück und tritt eine massive PR-Kampagne zur Rettung ihrer weiblichen Ehre los. Für ihn wird das wie ein Coming-out bei *Schreinemakers*.
- Sie klammert sich an ihn und versucht, ihn umzupolen. Viel Erfolg, Süße!
- Sie wird die Beste Freundin eines schwulen Mannes.

Das tragischste Kapitel schwul-weiblicher Beziehungsgeschichte schreiben Frauen, die mit einem schrecklichen Fluch behaftet sind – gleich König Midas, dessen Berührung der Sage nach alles in Gold verwandelte: Jeder Mann, mit dem diese Frauen in Berührung kommen, ist schwul. Oder wird es. Sie können einen faszinierenden Freundeskreis haben. Göttliche Kerle mögen ihnen zu Füßen liegen. Aber nie in ihrem Bett. Bitter!

Eine Beste Freundin steht auch drei Stunden Livebericht aus Beziehungskrisengebieten durch. Wenn's sein muß, alle paar Tage!

You can't always get what you want
Aber weiß sie das?

Dahinten steht er: Der Mann ihrer Träume. Aber ach, von Männern träumt er wahrscheinlich selbst. Lektion eins unserers Grundkurses in Körpersprache: Was denkt wohl diese Frau?

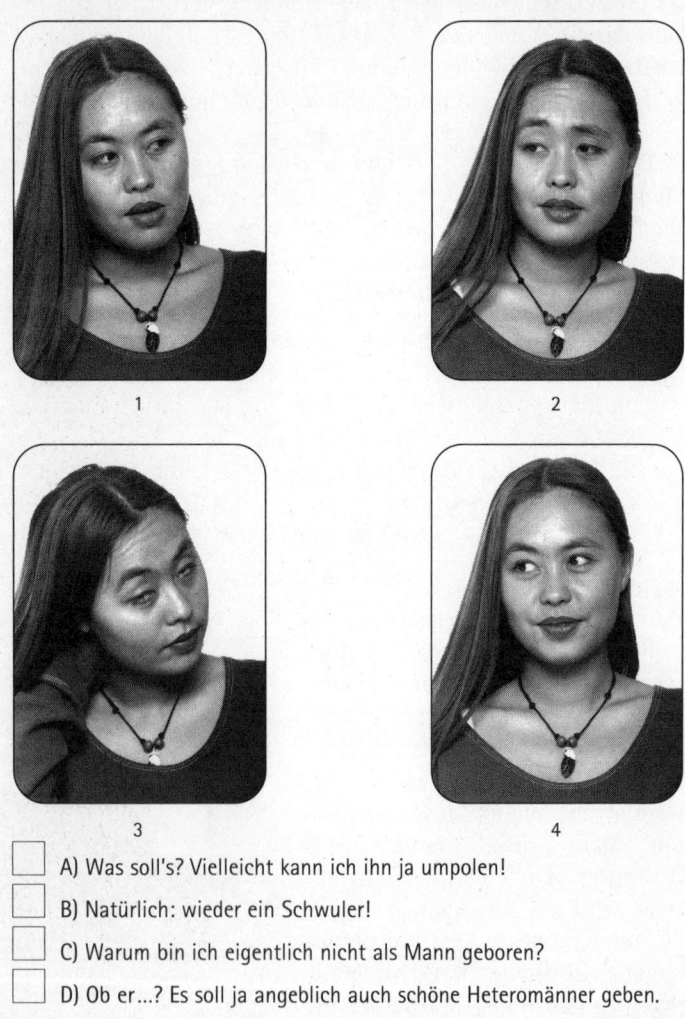

1

2

3

4

- [ ] A) Was soll's? Vielleicht kann ich ihn ja umpolen!
- [ ] B) Natürlich: wieder ein Schwuler!
- [ ] C) Warum bin ich eigentlich nicht als Mann geboren?
- [ ] D) Ob er...? Es soll ja angeblich auch schöne Heteromänner geben.

Auflösung: A-4, B-3, C-2, D-1

Ganz ohne Frauen geht die Chose nicht
Die Schwulenmutti

Womit hat diese Frau ihren schlechten Ruf verdient? Sie ist geistreich und humorvoll, sprüht vor Temperament und Lebenslust. Kurz: Sie ist das weibliche Pendant zum Schwulen. Und daraus macht die Schwulenmutti ihre Lebensaufgabe: Sie ist mehr als eine Beste Freundin, sie ist Ständige Begleiterin. Als solche segelt sie im Schlepptau eines oder mehrerer Schwuler von Galapremiere zu Geburtstagsparty, von Kaffeklatsch zu Kunstausstellung und von Dichterlesung zu Dance-Explosion. Sie weicht nicht von der Seite ihres „Auserwählten" – bis daß die Schlafzimmertür sie scheidet.

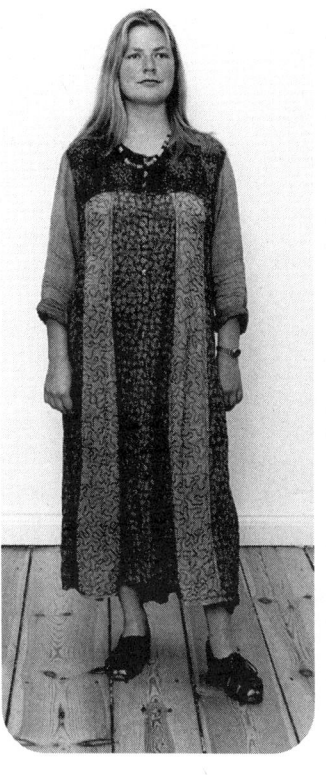

Denn an der Bettkante endet die symbiotische Beziehung. Das mag ungerecht erscheinen, liegt aber in der Natur der Sache. Schwule schlafen nun mal mit Männern. Die Schwulenmutti trägt's mit Fassung: Zumindest dafür sind ja die Heteromacker einigermaßen zu gebrauchen.

Schwule lieben extravagante Frauen (...). Und extravagante Frauen lieben Schwule, weil sie nicht so langweilig sind wie die meisten Heteromänner. *Kult-Oma Lotti Huber*

Ich sehe was, was du nicht siehst
Gaydar

Darum beneidet uns die ganze Welt: Gaydar. Frauen und Heteromänner haben es nicht. Ätsch! Wenn Heteros ihre schwulen Freunde mit übersinnlichen Fähigkeiten beeindrucken wollen, müssen sie sich ein anderes Betätigungsfeld

> Der Homosexuelle erkennt einen Homosexuellen genauso sicher wie ein Jude einen anderen Juden. Er erkennt ihn hinter jeglicher Maske, und ich schwöre auf meine Fähigkeit, ihn sogar zwischen den Zeilen des harmlosesten Buches zu entdecken.
>
> *Jean Cocteau, Schriftsteller und Künstler*

suchen (z.B. Pfeifen auf zwei Fingern). Uns Schwulen ist Gaydar angeboren. Mit diesem sechsten Sinn orten wir unsere Brüder so treffsicher wie ein Spionagesatellit. Gaydar funktioniert noch besser als Radar, denn es durchdringt mühelos jede Maske. Selbst eine Verkleidung mit Bleiplatten schützt nicht vor schwulen Röntgenaugen. Stinos sehen nur Klischees. Wir sehen *alles.*

Gaydar ist ein wertvolles Instrument. Wo Homosexualität strafbar ist, kann es lebensrettend sein. Wenn es z.B. verhindert, daß Gunstbeweise versehentlich an schwulenfeindliche Denunzianten vergeudet werden. In den modernen Gesellschaften ist Gaydar zumindest praktisch: Seit sich Hinz und Kunz gedankenlos Ringe ins Ohrläppchen und bunte Tücher in die Gesäßtaschen stecken, wären wir fast orientierungslos ohne. Mit Gaydar aber läßt sich leicht herausfinden, wer von den Jungs sein „Rot rechts" auch so meint.

Es braucht ein wenig Übung, den Blip auf deinem Gaydarschirm richtig zu deuten. Gib nichts auf Äußerlichkeiten. Schon gar nicht auf Eheringe. Konzentriere dich auf die Augen – ein wissender Blick, ein ermunterndes Blinzeln. Vielleicht schaut der andere dir einfach nur den entscheidenden Sekundenbruchteil länger in die Pupille als „normal" ... alles klar, dein Gaydar funktioniert!

Manchmal *weißt* du es auch einfach. Beispiel: Spaziergang im Park. Ein Pärchen, knallsüßer Typ mit hingebungsvoller Freundin, kommt dir entgegen. Engumschlungen, Bussi-Bussi, das junge Glück in Reinkultur. Einem ungeübten Beobachter wird der Knabe hoffnungslos hetero erscheinen. Dir nicht! In einem Augenblick ist alles klar. Du weißt, daß er schwul ist, und er weiß, daß du es weißt. Darum geht er in Abwehrposition, drückt seine Anstandsdame noch fester an sich. Laß dich nicht täuschen: Der kommt wieder – *ohne* Freundin!

Unter den Blinden ist der Einäugige König
Gaydar für Heten

Heten haben zwar kein Gaydar, können aber lernen, so zu tun als ob. Treten fünf oder mehr der folgenden Anzeichen an ein und derselben männlichen Person auf? Dann darf man mit an Sicherheit grenzender Wahrscheinlichkeit davon ausgehen, daß es sich um eine Schwester handelt:

▷ Makelloser Teint

▷ Strammer Arsch in engen Jeans

▷ Basecap, mit dem Schirm nach hinten getragen

▷ Offensichtlich hervorragend geschulter modischer Geschmack

▷ Ein oder mehrere Ohrringe

▷ Rote Schleife als Anstecker

▷ Blondierte Strähnchen

▷ Markantes Parfüm (entweder wirklich gut oder wirklich penetrant)

▷ Shorts trotz kühler Witterung

▷ Gepflegte Fingernägel

▷ Akkurater Haarschnitt

▷ Waschbrettbauch noch jenseits der 30

▷ Penibel getrimmter Bart

▷ Ein halbes Dutzend Einkaufstüten aus Luxusboutiquen

▷ Radlerhosen, aber kein Radel

▷ Teure Sonnenbrille

▷ Seidenes Einstecktuch

▷ Breite Schultern und dicke Titten, bereitwilligst herumgezeigt

Michael Unger

Das sächsische Urgestein half mit, im märkischen Sand den Homos eine Heimstatt zu errichten. Michael ist ein Teil des Coming-out der Schwulen und Lesben in der DDR. Wenn er erzählt, hört man keine politbewegten Seifenblasen blubbern, sondern fühlt hautnah erlebte Geschichte: Seit 1973 entwickelte sich die Szene und wurde, wie alle funktionierenden nichtstaatlichen Organisationen, mißtrauisch beäugt. Mit einer Mischung aus Starrsinn und Findigkeit schlug man den Mielkes und Honneckers ein Schnippchen. Selbst unter Kohl konnte der als „Sonntags-Club" getarnte bunte Haufen überleben – als homosexueller Kern, um den sich blühende Landschaften entwickete ...

Es werde Licht!

Das Coming-out

▷ Es ist kein rauschendes Fest, kein großer Tag, der mit zeremoniellem Tamtam einen neuen Lebensabschnitt einläutet. Das Coming-out ist ein Prozeß – eine Entwicklung, die viele Jahre dauern kann. Zwischen der ersten vagen Ahnung (meist schnell wieder beseite geschoben) und der großen Offenbarung liegt für viele Schwule ein langer Weg. Lang, aber schmal und voller Steine, und ein kräftiger Gegenwind macht das Vorwärtskommen schwer. Es gibt endlose Windungen und jede Menge toter Abzweige auf der Strecke – und natürlich keinen Wegweiser.

> Heute abend stehe ich als Homosexueller vor Ihnen – es war ein weiter Weg bis hierher. *Medienmogul David Geffen 1992 bei einer Aids-Gala im Universal-Amphitheater*

Das läßt sich kaum ändern: Der Weg ist das Ziel! Coming-out bedeutet eine umfassende und tiefgreifende Auseinandersetzung mit der eigenen Persönlichkeit; schwul zu sein ist nur der zwingende Anlaß.

Dem Hetero bleiben solche Mühen erspart. Die dabei gewonnene Selbsterkenntnis allerdings auch. Beneiden wir also nicht die Heten. Versuchen wir lieber, ein paar der dicksten Brocken aus dem Weg zu räumen und ein wenig Orientierung zu finden. Aus den Coming-out-Geschichten anderer Männer kannst du viel für dich selbst lernen. Meine Geschichte ging so:

Erste Anzeichen gab es schon, als ich ungefähr vier Jahre alt war. Da war ein Prinz in meinem Märchenbuch, mit goldenen Locken, markigen Gesichtszügen und wunderbar sanften Augen. Natürlich habe ich mich sofort in ihn verliebt! Leider stand er nur auf kleine Meerjungfrauen, weshalb die Geschichte für alle Beteiligten ziemlich unglücklich endete.

Damals schwärmte ich für schöne Prinzen mit goldenen Locken ...

Selbstverständlich habe ich auch die üblichen Erotik-Spielchen kleiner Jungs mitgemacht. Ich hatte sogar selbst manchmal das Gefühl, es irgendwie darauf anzulegen (immer erfolgreich, übrigens), aber Gedanken habe ich mir deswegen keine gemacht. Höchstens, wie ich die anderen Jungs möglichst bald wieder dazu bringen könnte.

Mit zwölf verschaffte mir ein Schüleraustausch mit Frankreich den ersten „richtigen" schwulen Sex. Oder wenigstens ernsthafte Bemühungen. Jean-Michel, so hieß er, war beinahe in jeder Hinsicht das Gegenteil von mir. Wir verstanden uns nicht die Bohne und haben fast pausenlos gestritten. In den Pausen haben wir miteinander geschlafen — so gut es eben ging. Anfangs fehlte uns beiden noch das „gewisse Etwas". Mir wuchs es dann allerdings ziemlich bald, und ein Jahr später endlich auch ihm. Ich bin dann wahnsinnig oft in Frankreich gewesen.

Wie man onaniert, habe ich von einem Schulkameraden gelernt – einem von der Sorte, die wahrscheinlich in jeder Klasse hockt: geistig etwas unterentwickelt, dafür körperlich seiner Zeit weit voraus. Karl-Heinz schleppte einen ganzen Pulk Jungs mit aufs Klo vom Hallenbad, um ihnen „was ganz Irres" zu zeigen. Ich weiß nicht mehr, ob ich auch eine Einladung bekam. Aber ich weiß, daß ich keine brauchte.

Natürlich stand ich in der ersten Reihe, als es geschah: Er zog ein unglaublich großes, behaartes Ding aus seiner Badehose. So etwas hatte ich noch nie gesehen! Und dann fing er an, es mit der Hand zu bearbeiten.

Instinktiv kopierte ich schon als Kind die große Marlene: Das angewinkelte „Spielbein" macht eine schlanke Figur!

34

Mir war völlig schleierhaft, wozu das gut sein sollte. Aber die Auflösung (und nicht nur die) kam schließlich in höchst eindrucksvoller Weise. Es wurde nicht weiter darüber gesprochen, aber vermutlich haben alle Zeugen des Vorfalls sich intensiv bemüht, das Gesehene zu Hause nachzustellen. Ich jedenfalls. Wider Erwarten funktionierte es sogar. In dieser Nacht schlief ich glücklich ein und fühlte mich als ganzer Kerl.

Ich fing an, alles Männliche, das meine Bahnen kreuzte, in Kategorien einzuteilen: 1. „Sieht fabelhaft aus", 2. „Sieht gut aus", 3. „Geht zur Not" und 4. habe ich vergessen, irgendwas mit „uninteressant". Mein Klassenkamerad Andreas war nicht uninteressant. Im Gegenteil: Andreas verursachte mir wohlige Schauer, wenn ich ihn nur sah, hörte oder roch. Das passierte ziemlich oft,

Mit zwölf habe ich französisch gelernt.

denn er saß direkt neben mir. Kam ich da ins Grübeln?

Kein Stück! Jungs gingen mit Mädchen. Wir waren jetzt in dem Alter, wo man damit anfängt, und ich habe es wirklich versucht. Es wurde aber nichts daraus. Vierzehnjährige Mädchen wollen nämlich keine schüchternen Jungs, die ihnen den Hof machen. Sie wollen einen richtigen Macker, der es *mit* ihnen *im* Hof macht. Na ja, sie träumen heimlich davon. Kerstin war da keine Ausnahme. Sie suchte und fand einen anderen. Meine Trauer hielt sich in Grenzen; etwa so wie beim Verlust einer graubraunen Strickmütze. Warum ich nicht rasend vor Eifersucht wurde und warum ich zuvor nicht rasend vor Leidenschaft geworden war – nach wie vor kein Gedanke!

Ich habe mir sogar noch einige Zeit lang beim Onanieren Mädchen vorgestellt oder glaubte zumindest, das zu tun. Erst allmählich kam ich dahinter, daß meine Phantasie vorläufig der einzige Platz wäre, wo ich die schönen Jungs vernaschen konnte. Außer Frankreich, versteht sich. Aber das reichte längst nicht mehr. So krusteten sich nach und nach die Traum-Peters und -Rolands und -Michaels in mein Bettlaken ein.

Ich fing an, mich als Außenseiter zu fühlen, brachte das allerdings nicht mit „schwul" in Verbindung. Ich brachte ja nicht einmal meinen Sex damit in Verbindung. Nein, es war diese Kleinstadt, die Spießer, der Mief. Hier gehörte ich nicht hin. Mein Platz war Berlin; das wußte ich seit einer Klassenfahrt – Liebe auf den ersten Blick! Ich ahnte gar nicht, welch glückliche Wahl das war. Die Schwulenszene hatte nämlich seinerzeit nicht auf unserem Besuchsprogramm gestanden.

Vier harte Jahre im Exil mußte ich noch durchstehen. Zur Überbrückung begann ich, meinen *Alien*-Status zu kultivieren: modische Extravaganzen, lackierte Fingernägel, Kajalstift. Daraufhin haben mich wahrscheinlich alle für schwul gehalten. Bloß ich nicht. Auch dann nicht, als ich endlich in Berlin angekommen war und als erstes einen Mann aufgerissen habe. Noch keine Wohnung, aber schon eine Affäre.

Danach freundete ich mich mit einer Frau an. Ich mochte sie sehr, wäre aber niemals „zudringlich" geworden. Elke hat das allerdings auch nicht abgewartet, sondern mich eiskalt flachgelegt. „Eiskalt" ist vielleicht der falsche Ausdruck; sie war heiß, und auch mir heizte sie kräftig ein. Nach ungefähr drei Sekunden war dann alles vorbei. Also mußten wir es wieder tun, und diesmal lief's nicht schlecht. Nach diesem Ereignis habe ich zum ersten Mal im Leben übers Schwulsein nachgedacht: „Gott sei Dank, ich bin nicht schwul", ging es mir durch den Kopf. Welch ein Irrtum!

> Man darf die Hoffnung nie aufgeben. Homosexualität kann jeden Mann jederzeit treffen.
>
> *Roger Peyrefitte (französischer Schriftsteller)*

Dabei hätte ich selbst gar keine großen Probleme damit gehabt. Wie auch? Ich wußte ja kaum etwas darüber! Keine Zerrbilder deprimierter Tunten oder schmieriger Lustgreise vernebelten meine Sinne. Aber das Leben als Schwuler mußte wohl besonders schwierig sein, dachte ich. So hatte man es mir beigebracht. Doch zum Glück betraf mich das ja nicht.

Es betraf mich auch dann nicht, als ich den regelmäßigen Beischlaf mit Elke durch noch weit regelmäßigere One-night-

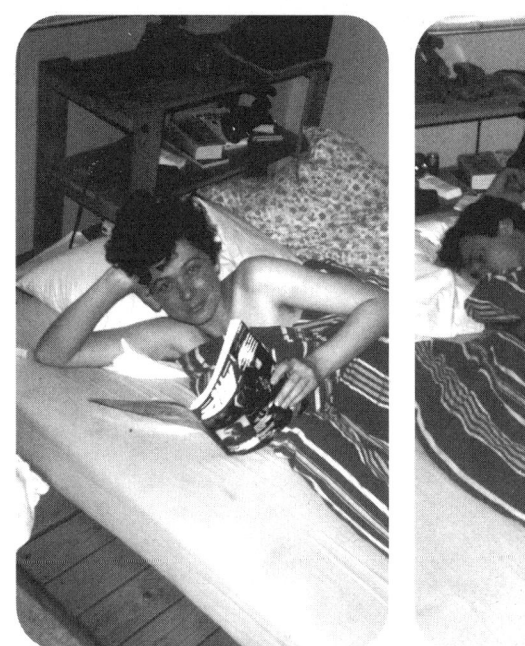
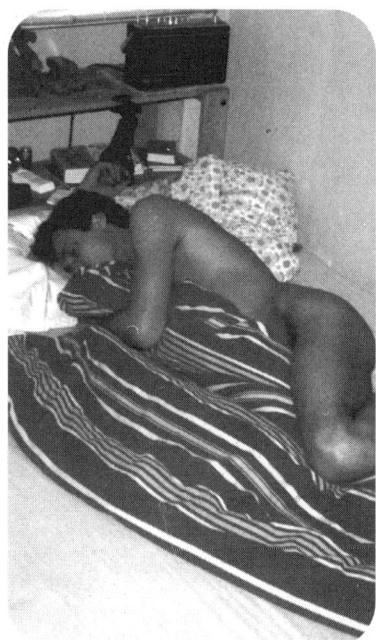

Ratespiel: Diese beiden Bilder stimmen in einem wesentlichen Detail nicht überein. Worum handelt es sich, und wer ist auf dem falschen Dampfer?

Stands mit allen möglichen Typen ergänzte. Nicht, als ich von einem gewissen Mike zum erstenmal gebumst wurde (und es gräßlich fand). Nicht, als ich gleich am nächsten Abend wieder zu Mike getrabt bin und es unbedingt nochmal ausprobieren wollte. Und immer noch nicht, als es mir diesmal ganz fabelhaft gefiel. Größer als meine Verdrängungskünste war wohl nur meine Gier nach Männern.

Ich war 21, als die Verdrängung plötzlich in sich zusammenkrachte. Und es war eigentlich ein Zufall, oder wohl eher Intuition, daß ich endlich kapierte, wo es lang ging. Jungfraugeborene neigen ja dazu, Dinge ewig vor sich herzuschieben, um sie dann in einem grandiosen Rundumschlag zu erledigen. Ohne lange Überlegung beglückte ich jeden Menschen, der mir wichtig war, mit der frohen Botschaft (nicht unbedingt empfehlenswert). Danach konnte ich dann keinen Rückzieher mehr machen. Man hat ja seinen Stolz! Offensichtlich war das auch ganz in Ordnung so, denn ehrlich gesagt: Ich bin gerne schwul!

Mein Coming-out war damit allerdings noch lange nicht beendet. Genaugenommen fing es gerade erst richtig an. Das ganze Leben mußte neu erkundet, neu verstanden und neu eingerichtet werden. Und ich verstand ja noch nicht einmal die „normale" Welt.

Endlich raus aus dem Klosett...

Das schwierigste Kapitel war für mich Partnerschaft. Ich wollte immer nur den Mann fürs Leben, und alles, was ich sah, war Sex und hopp! Jahre habe ich gebraucht, um zu begreifen, daß auch zwei Männer ein glückliches Paar sein können. Und noch ein paar Jahre, um den richtigen zu finden. Die lange Sucherei hat sich übrigens gelohnt: Mit Hajo zusammen möchte ich alt werden!

Womit wir eine prima Überleitung zu weiteren Coming-out-Phasen hätten: Die Auseinandersetzung mit dem Älterwerden. Kinderwunsch und die technischen Probleme bei dessen Erfüllung. Beziehungskrisen und ihre Bewältigung. Kurz: der ganze Psychoscheiß, mit dem sich letztlich jeder

...und es hat sich gelohnt! Zwar mußte ich noch die eine oder andere „große Liebe" verschleißen, aber schließlich macht nur Übung den Meister.

Mensch herumschlagen muß. Bei uns Schwulen läuft genau dasselbe ab, und trotzdem ist es nicht das gleiche. Oder gilt ein Hetero mit 25 als alter Sack?

Wenn man's genau nimmt, ist das ganze Leben eines Schwulen ein einziges Coming-out. Fachleute mögen da anderer Meinung sein – aber wann genau ein Coming-out abgeschlossen ist, wissen auch sie nicht zu sagen. Das spielt allerdings sowieso keine Rolle. Wie es abläuft, wo es hinführt, ist wichtig. Und zuallererst muß ein Mann wissen, ob er ein Coming-out überhaupt braucht. Machen wir den Test!

Sag mir, wo du stehst
Wird das Unvermeidliche geschehen?

ANLEITUNG: Die 15 folgenden Behauptungen sind jeweils mit „Richtig" oder „Falsch" zu beantworten. Für die korrekte Antwort gibt es jeweils die angegebene Punktzahl. Die Auflösung und Auswertung folgt im Anschluß an den Fragebogen.

1. Ohne Stylingschaum fühlt sich mein Haar irgendwie unnatürlich an. (10 Punkte)

2. Armani ist ein italienisches Restaurant. (10 Punkte)

3. Meine Freundinnen tanzen besser als ich. (10 Punkte)

4. Ein Schwanzring schmückt die Kuh beim Almabtrieb. (10 Punkte)

5. Madonna ist eine katholische Heilige. (10 Punkte)

6. Ich treibe Sport vor allem wegen der Gesundheit. (15 Punkte)

7. *Männer aktuell* ist ein Nachrichtenmagazin. (15 Punkte)

8. Selbstbräuner ist ein Lebensmittelfarbstoff zum Braten und Backen. (15 Punkte)

9. Bruce Weber ist ein Olympiasieger im 200 Meter Delphin. (15 Punkte)

10. Wenn ich Ansichtskarten kaufe, schaue ich mir ausgiebig die mit den halbnackten Kerlen an. (15 Punkte)

11. Beim Essen im Restaurant übersehe ich geflissentlich die wissenden Blicke des Kellners. (20 Punkte)

12. Marky Mark wurde durch seine Musik weltberühmt. (15 Punkte)

13. Wenn ich Gäste zum Essen habe, serviere ich ihnen mindestens eine der folgenden Speisen: (1) Würstchen mit Salat; (2) Schokoladenpudding; (3) Königsberger Klopse; (4) Pizza Vier Jahreszeiten. (20 Punkte)

14. Wenn im Fernsehen Werbung für Herrenparfüm oder Rasierschaum kommt, schalte ich um. (20 Punkte)

15. Techno ist doof. (20 Punkte)

FRAGEN

RICHTIG. Einzige Alternativen: Gel, Haarwachs oder ähnliche Produkte bzw. eine Glatze (pflegeleicht und *sehr* männlich).

FALSCH. Du trägst wohl nur Freizeitbekleidung, Jogginghose und Anoraks?

FALSCH. Und wenn doch, Obacht: Wer sich beim Tanzen nicht bewegen kann, gilt als Niete im Bett!

FALSCH. Er gibt höchstens dem Stier mehr Auftrieb.

FALSCH. Wer hier nicht die richtige Antwort wußte, ist nicht bloß hoffnungslos hetero. Er hat die letzten zehn Jahre auf dem Mond gelebt.

FALSCH. Es geht vor allem — na gut, einzig und allein — um die geile Figur. Die Gesundheitseffekte nehmen wir billigend in Kauf.

FALSCH. Auch wenn das Blatt vielleicht die Homo-Elite anpeilt.

FALSCH. Im Gegenteil, man benutzt ihn als Ersatz für das Braten und Backen. Quasi als Strandurlaub aus der Tube.

FALSCH. Aber seine Männerfotos sind noch aufregender als die Schwimmwettbewerbe der Herren.

RICHTIG. Addiere zusätzlich 5 Punkte, wenn du auch wirklich eine gekauft hast, und nochmal 10, wenn du sie für dich selbst wolltest.

FALSCH. Am Anfang nervt es vielleicht ein wenig, aber es ist schließlich ein Kompliment (und bringt dir womöglich einen kostenlosen Espresso ein)!

FALSCH. Welche Musik?

FALSCH. Nur die Gäste von Helmut Kohl wären mit so was gut bedient. Aber was wäre da auch die Alternative?

FALSCH. Was gibt es schöneres im TV?

FALSCH. Wo warst du bei der letzten Love Parade? Man muß ja nicht die Musik mögen... aber alles, was ein paar hunderttausend euphorische Boys in knappen Höschen auf einem Haufen zusammentreibt, ist schlichtweg genial!

AUFLÖSUNG

Ich weiß nicht, was soll es bedeuten
Der erste Sex und der Morgen danach

Viele Schwule-in-spe hatten und haben nicht das Glück, neben diesem wunderbaren Ratgeber aufzuwachen, wenn sie in die erste entscheidende Phase ihres Coming-out schliddern. Viel häufiger liegt etwas ganz anderes neben ihnen: der Mann, mit dem sie letzte Nacht geschlafen haben. Zum erstenmal im Leben, oder jedenfalls zum erstenmal „so richtig". Es ist leicht, das Ganze als hormonelle Fehlfunktion abzutun: „Was raus muß, muß halt raus", kann der Novize sich beruhigen, „egal wie." Beliebt ist auch die „Gott, war ich besoffen!"-Nummer, mit der sich mancher sein Leben lang belügt.

> Und weiterhin handele ich in meiner Liebe ja auch unter einem Naturzwange, der mich entschuldigt.
> *Michelangelo*

Leider haben die meisten von uns schon eine gehörige Portion Stino-Sozialisierung verinnerlicht, bevor wir endlich dahinterkommen, wie wenig uns die in Zukunft nützen wird. Je nachdem, wie hoch der Anteil homophoben Schwachsinns an dieser Vorbildung ist, kann es zu katastrophalen Fehlentwicklungen kommen: Selbstzweifel, Selbsthaß, sogar Selbstmord. Oder lebenslange Selbstverleugnung – aber *das* zählt dann bestimmt nicht zum Coming-out.

> Ich kenne alle Entschuldigungen, weshalb man sich versteckt, Liebes. Sie sind alle Scheiße.
> *Rita Mae Brown, Schriftstellerin und*
> *Ex-Geliebte von Martina Navratilova*

In der Bergpredigt (Matthäus 5, 16) mahnt Jesus, das „Licht nicht unter den Scheffel zu stellen". Dieser Rat ist noch heute ein guter. Trotzdem versuchen manche Männer mit allen Mitteln, ihrem Schicksal zu entgehen. Sie können oder wollen es einfach nicht begreifen. Einige vergeuden ihre Zeit auf der Suche nach der „richtigen Frau". Womöglich finden und heiraten sie die Ärmste sogar. Fortan hat das Faux Paar lukrative Steuervorteile, soziales Prestige und ein sterbensfades Sexleben. Andere Versteckschwule bleiben single und machen täglich einen flotten Dreier mit sich, dem Videorekorder und einer durchtrainierten rechten Hand. Einige flüchten sich in den Schoß der Kirche – einer ganz besonders dominanten Mutter. Der klägliche Rest überkompensiert seinen „Makel" mit abgrundtiefem Schwulenhaß.

Es gab und gibt sie immer und überall. Zum Glück hatten nur wenige soviel Einfluß wie FBI-Chef J. Edgar Hoover, der zahllose Menschen ins Unglück stürzte. Aus einem Schwulen kann vieles werden. Der Schwulenhasser ist die übelste Möglichkeit. Er fühlt sich selbst als Abschaum, und Abschaum quillt ihm aus dem Mund. Wir alle kennen die frauenfeindlichen Machosprüche und die schmutzigen Witze auf Kosten der Schwulen. Die Wahrheit ist: Der Schwulenhasser beneidet alle glücklichen Schwulen, aber sich selbst verachtet er abgrundtief. Zumindest da hat er recht.

Schöne neue Welt
Der Start ins schwule Leben

Es gibt kein Patentrezept für das perfekte Coming-out. Jeder Mensch erlebt sich und seine Umwelt anders und muß auf innere und äußere Ereignisse reagieren, die niemand anderes so erlebt oder wirklich nachvollziehen kann. Einen guten Rat kann der Novize aber auf seinen schwierigen Weg mitnehmen: Stürze dich ins volle schwule Leben! Einige Adressen für den Start findest du im Anhang. Damit ist nicht nur die Subkultur gemeint:

> 1. Rufe die nächste schwule Hotline an.

> 2. Finde heraus, wann und wo die Schwulen in deiner Gegend ausgehen. Geh hin!

> 3. Finde heraus, wo du schwule Bücher und Zeitschriften bekommen kannst. Lies sie.

> 4. Sprich mit einem Schwulen, den du wirklich respektierst.

> 5. Werde Mitglied in einem schwulen Verein (Sport, Gesang etc.).

> 6. Suche dir einen schwulen oder schwulenfreundlichen Arzt. Es gibt Dinge, über die du nicht mal mit Mutti reden kannst.

> 7. Arbeite für ein karitatives Schwulenprojekt.

> 8. Leih dir *Die Frauen* auf Video aus und lern's auswendig!

Eine riesige schwule Gemeinde erwartet dich mit offenen Armen. Zugegeben, nicht jeder wird nett zu dir sein – oder im Gegenteil *zu* nett (manche wollen wirklich nur das eine). Du wirst auch schlechte Erfahrungen machen. Lerne draus und pfeife drauf. Irgendwo ist dein Platz, und du wirst ihn finden. Sei nicht schüchtern. Du wirst staunen, wie viele wunderbare Menschen es für dich gibt!

Es ist großartig, offen und selbstbewußt zu leben!
Greg Louganis, mehrfacher Olympiasieger,
bei den Gay Games 1994 in New York

Schwellenangst
Der erste Besuch in einer schwulen Bar

Es war in einer lauen Sommernacht. Eine dieser Nächte, in denen man einfach nicht schlafen kann – und die auch viel zu schade dazu gewesen wäre. Ich konnte nicht schlafen. Ich wollte nicht schlafen. Eine innere Unruhe trieb mich um: Ich wollte, nein, brauchte einen Mann! Bloß, woher nehmen? Damals hatte ich noch keinen blassen Schimmer von Szene und Cruising, oder wenigstens, wo ich die schwulen Bars überhaupt finden könnte.

Irgendwo hatte ich eine Geschichte über das Berliner Nachtleben gelesen. So was Impressionistisches, wo alle möglichen Sachen gleichzeitig passieren. Da hatte doch auch was über Schwule gestanden ... Ich suchte und suchte. Endlich! Da war es: Pfalzburger Straße. *BiBaBo*. Rein in die Klamotten, raus aus der Bude, zur U-Bahn, zum Ku'damm. Noch ein paar Schritte. Wo jetzt genau? Aha, dort.

Mein Elan brach schlagartig in sich zusammen. Wenn mich hier jemand sieht! Sind irgendwo Leute unterwegs? Natürlich waren Leute unterwegs. Viele Leute. Was sollten die denken? Ich setzte mein Unschuldsgesicht auf und ging los. Nicht etwa in Richtung Ort der Versuchung, sondern weg davon. Habe ich jemals eine nichtssagende nächtliche Straße so intensiv betrachtet? Jeden Baum, jede Tür, jedes Fenstersims? Und immer wieder landete ich vor dieser magischen Pforte mit der verheißungsvollen Leuchtschrift: *BiBaBo*!

Höhnisch schimmerte es zu mir herüber. „Trau dich, trau dich!" schienen die Neonbuchstaben zu rufen. Aber nein, ich traute mich nicht. Bäume, Türen, Fenstersimse. *BiBaBo*. Es war jetzt kurz nach Mitternacht. Die Zeit lief unerbittlich weiter. Wie lange sollte ich hier noch meine Warteschleifen drehen? Oder zurück nach Hause?

Achwo, das kam nicht in Frage. Ich war zwar wegen meines Schwanzes hier – aber nicht, um ihn einzukneifen! Ich schloß die Augen, sammelte allen Mut. Schluckte dreimal und überquerte langsam die Straße. Die tiefdunkel gestrichene Tür, ein kleines Guckfenster, rechter Hand eine Klingel. Von innen war

nichts zu hören. Wie in Zeitlupe näherte sich mein Daumen dem Klingelknopf. Noch zwanzig Zentimeter. Noch zehn. Noch fünf – vier – drei – zwei – eins ... In einem Akt der Verzweiflung preßte ich mit aller Kraft den Summer. Jetzt war es geschehen, mein Schicksal besiegelt, meine Seele verkauft. Blankes Entsetzen, Schweiß auf der Stirn. Vielleicht habe ich Glück, und es ist gar niemand da.

Die Tür öffnete sich. Das freundlichste Gesicht der Welt strahlte mir entgegen: „Guten Abend. Komm rein!" Noch etwas zittrig und unsicher folgte ich der Aufforderung, tauchte ein in eine neue Welt. Schimmernde Lichter, von unzähligen Messinggerätschaften reflektiert. Blühende Kirschzweige aus Seide. Der Geruch von Zigarettenrauch, Bier und Herrenparfüms. Laute Musik. Und überall Männer. Männer Männer Männer Männer Männer!

Millionen Augen schienen mir zu folgen, als ich mich mit (schlecht) gespielter Lässigkeit zur Bar bewegte und auf einen Hocker schwang. Wäre ich bis dahin Nichtraucher gewesen, hätte ich in diesem Moment angefangen. Nicht zittern. Cool bleiben! Unauffällig schaute ich mich um. Wurde ich beobachtet? Mag sein, aber diskret – und durchaus wohlwollend. Allmählich dämmerte mir die Erkenntnis, daß doch *alle* hier im Raum schwul waren. Ich war vielleicht ein neues Gesicht, aber keine bis dato unbekannte Lebensform. Nichts von dem, was heute hier geschah, würde morgen in der Zeitung stehen.

Davon abgesehen: wenn schon! Mit dem zweiten Bier lockerte sich endgültig die innere Verkrampfung. Bis hierhin war alles gut gegangen. Der Laden gefiel mir. Die Gäste ebenso. Mit einem von ihnen würde ich heute nacht schlafen. Und ich würde wiederkommen!

Beim ersten Mal, da tut's noch weh ... da denkt man noch, daß man es nicht ertragen kann. Doch mit der Zeit, so peu à peu ... gewöhnt man sich dran.
Hans Albers und Hilde Hildebrand in „Große Freiheit Nr. 7"

Trinen lügen nicht
Was sagen diese Augen?

Die Musik in den Bars wird immer lauter, die *body language* immer wichtiger. Lektion zwei unseres Grundkurses in Körperkommunikation beschäftigt sich mit den Augen. Ein Blick sagt mehr als tausend Worte, heißt es. Nun rate mal, was:

A) Gott, seh ich *gut* aus! Ich könnte Model werden!

B) Schau dir deine Hose an, du Flittchen! Erst schwörst du mir ewige Treue, und dann rutschst du auf Knien durch den Darkroom!

C) Unglaublich: Diese selbstsüchtigen Tunten haben *tatsächlich* an meinen Geburtstag gedacht!

D) ...nach *allem*, was ich für ihn getan habe!

E) Wie bitte? *Der* will was von dir? Das glaubst du doch selbst nicht!

F) Ach Gottchen, sieh nur, wie *fett* der geworden ist!

G) Wie peinlich! Er hat *jedem* von unserer Natursekt-Orgie erzählt.

H) Ich hab's dir ja gesagt: Der steht nicht auf deine plumpe Anmache!

I) Ein *tragischer* Fall: Keine zwölf Zentimeter ...

K) Also, *den* würde ich bestimmt nicht von der Bettkante schubsen!

L) Jede Wette, der BMW ist geleast — und das Sahneschnittchen auf dem Beifahrersitz gleich dazu!

M) *Widerlich,* diese aufgespritzten Titten und dieser behaarte Rücken!

LÖSUNG

Spruch A (Bild 12) – B (6) – C (9) – D (3) – E (1) – F (2) – G (5) – H (4) – I (10) – K (8) – L (7) – M (11)

☐ 1 ☐ 2 ☐ 3

☐ 4 ☐ 5 ☐ 6

☐ 7 ☐ 8 ☐ 9

☐ 10 ☐ 11 ☐ 12

Die frohe Botschaft
Wie sag ich's meinen Eltern?

Für viele Schwule ist der schwierigste Schritt im gesamten Coming-out das „Eingeständnis" gegenüber den eigenen Eltern. Sind es Schuldgefühle? Die Angst, ihnen weh zu tun? Erstaunlich, welche Macht unsere Eltern auf uns ausüben. Ihnen gegenüber bleibt man immer der kleine Junge. Das ist ja das Problem. Aber diesmal geht es nicht um ein zerbrochenes Fenster oder eine Fünf im Diktat. Nicht um etwas, das sich irgendwie „ausbügeln" läßt. Es geht darum, wer du, ihr Sohn, wirklich bist. Höchstwahrscheinlich reagieren Papa und Mama nicht gerade begeistert. Wäre es ihnen lieber, ein Leben lang belogen zu werden?

Deine Mutter wird übrigens mit 99 % Wahrscheinlichkeit längst etwas geahnt haben (80%, daß sie es cher ahnte als du selbst). Leider hilft dir das jetzt wenig: Sie hat immer gehofft, daß sie sich geirrt hat.

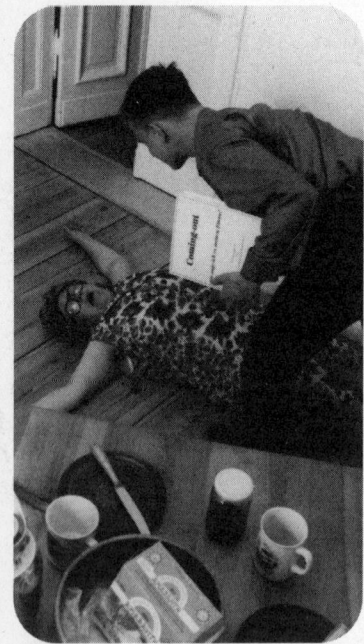

Wann und wie genau du die Karten auf den Tisch legst, mußt du selbst entscheiden. Laß dich von niemandem da hineinmanövrieren. Tu's erst, wenn du wirklich bereit dazu bist. Und tu's nicht an einem Feiertag: Alle Jahre wieder werden sie den mit der Schreckensmeldung in Verbindung bringen. Wenigstens *das* ist vermeidbar.

So schön es auch wäre, die Sache schnell abzuhaken – es ist besser, wenn ihr euch Zeit nehmt. Falls sie Fragen haben, beantworte sie. Deine Eltern sollen alles wissen. *Fast* alles, genauer gesagt: Die detaillierte Schilderung sexueller Praktiken würde denn doch zu weit gehen. Aber nicht nur du, auch deine Eltern selbst können zum Gelingen der Aktion beitragen. Hier ein paar Tips:

Der Tag hatte so harmonisch angefangen ... doch als Karin S. Aus H. die Wahrheit über ihren Sascha erfuhr, brach für sie eine Welt zusammen.

Sagen Sie jetzt nichts, Frau Hildegard
Was tun, wenn dein Sohn dir sagt, daß er schwul ist?

▷ 1. Brich keine Brücken ab, die später schwer wieder aufzubauen sind. Höre ihm genau zu.

▷ 2. Komm ihm nicht mit „Das ist nur so eine Phase". Daran hat er auch geglaubt – die ersten paar Jahre lang.

▷ 3. Wenn du etwas nicht verstehst, frage nach.

▷ 4. Frage nicht nach seinem Sexleben. *Denke* auch nicht an sein Sexleben.

▷ 5. Mache ihm keine Vorwürfe, weil er „jetzt erst damit herauskommt". Er hat lange gezögert, weil er dich nicht verletzen wollte.

▷ 6. Rede ihm keine Schuldgefühle ein. Er hat sich seine sexuelle Orientierung nicht ausgesucht – du dir deine ja auch nicht!

▷ 7. Sage ihm, daß dir vor allem sein Glück am Herzen liegt. Und daß es gut ist, wenn er diesen mutigen Schritt unternimmt (selbst wenn es dich zerreißt)!

▷ 8. Es gibt kein Gegenmittel. Verkneife dir das Thema.

▷ 9. Vielleicht brauchst *du* eine Therapie. Das läßt sich machen.

▷ 10. Mache dir keine Vorwürfe. Du bist nicht schuld. Niemand ist schuld. Was heißt hier überhaupt „schuld"?!

▷ 11. Trage die „Last" nicht alleine. Rede mit anderen Menschen darüber. Am besten mit anderen Eltern von Schwulen. Aber frage deinen Sohn, ob es ihm recht ist.

▷ 12. Mache dich sachkundig. Es gibt Bücher, und es gibt Elterngruppen. „Pro Familia" kann dir sicher etwas empfehlen (siehe Adresse im Anhang).

▷ 13. Verdränge die Angelegenheit nicht gleich wieder. Dein Sohn will, daß du ihn akzeptierst. Nicht, daß du einen wesentlichen Teil von ihm einfach ausblendest.

▷ 14. Lerne die Freunde deines Sohnes kennen. Falls er einen festen Partner hat, nimm ihn so an, wie du eine Schwiegertochter annehmen würdest.

Ganz egal, wie aufgeschlossen deine Familie ist: Deine sexuelle Orientierung ist kein leichtes Thema. Sie werden einige Zeit brauchen, um wirklich damit klarzukommen. War das bei dir selbst nicht genauso? Also hab ein wenig Geduld. Früher oder später freunden sich die meisten Eltern mit den Tatsachen an. Sogar mit dem ursprünglich nicht „eingeplanten" Schwiegersohn.

> Meine Eltern knabbern manchmal auch noch daran, daß ich schwul bin. Erst als mein Vater bei meinem Geburtstag meinen Freund geküßt hat, dachte ich, Mensch, was für 'ne Arbeit!
>
> *Rio Reiser*

Nur sehr, sehr selten geht das Verhältnis zwischen Eltern und Kind wirklich am Coming-out kaputt. Das ist traurig. Aber es ist *ihr* Versagen, und vor allem *ihr* Verlust. Deine Freunde bieten dir einen liebevollen Ersatz – schräg wie die Addams Family vielleicht, aber jedenfalls so eng verbunden wie die Waltons.

Schwules Familientreffen: (v.l.n.r.) Onkel Helmut und Tante Paula, Bruder Jakob und Sister George, die Großcousine und der Schwippschwager

Schweigen ist Gold
Zehn Dinge, die du nicht sagen solltest,
wenn du es deiner Mutter sagst

Die ganz spezielle Beziehung zwischen schwulen Männern und ihren Müttern hat den Stoff für manche Geschichte abgegeben. Eine der besten wurde als *Das Kuckucksei* ein Bühnenhit und schließlich sogar verfilmt (unbedingt sehenswert, auch auf Video).

Die enge Bindung zwischen euch beiden bedeutet aber nicht, daß Mutti auf Teufel komm raus *alles* wissen muß. Schon gar nicht, wenn sie gerade eben erst erfahren hat, wie gut du dich *wirklich* mit deinem „Untermieter" verstehst. Manches bleibt einfach besser ungesagt. Zum Beispiel:

> 1. „Es tut eigentlich gar nicht weh. Höchstens ganz am Anfang."
>
> 2. „Er sieht dir richtig ähnlich."
>
> 3. „Jetzt weiß ich, warum du immer so ungern Stöckelschuhe getragen hast."
>
> 4. „Es gibt Schlimmeres. Ich könnte ja auch ein Massenmörder sein."
>
> 5. „Du solltest mal meine Mireille-Mathieu-Parodie sehen!"
>
> 6. „Kannst du mir eine Tagescreme empfehlen?"
>
> 7. „Würdest du dir an meiner Stelle lieber die linke oder die rechte Brustwarze piercen lassen?"
>
> 8. „Mach dir keine Vorwürfe. Ich glaube, ich hab's von Vati."
>
> 9. „Übrigens, deine Frisur ist scheußlich. So würde ich mich nie aus dem Haus trauen."
>
> 10. „Dieser Stepunterricht, zu dem du mich geschickt hast, hat sich echt gelohnt."

Er kann bügeln
Zehn Gründe zur Freude am schwulen Sohn

Es gibt für Eltern tausend gute Gründe, sich über einen schwulen Sohn zu freuen. Es gibt aber auch dumme Eltern. Für die haben wir wenigstens zehn Gründe aufgelistet:

> 1. Was immer er tut, er wird sein Bestes geben.

> 2. Er lebt sein Leben ganz bewußt, und er genießt es.

> 3. Er ist ein faszinierender Erzähler und unbestrittener Mittelpunkt jeder Party.

> 4. Entweder er oder sein Freund kocht vorzüglich und ist ein erstklassiger Gastgeber.

> 5. Er ist jederzeit verfügbar als vierter Mann beim Bridge.

> 6. Er macht immer tolle Geschenke, weil er den Unterschied zwischen Nippes und Meissen kennt.

> 7. Er weiß die angesagtesten Restaurants, besten Filme oder Theaterstücke und den neuesten Klatsch.

> 8. Er ist ein vorzüglicher (und kostenloser) Ratgeber für Hochzeiten, Partys, Einrichtung und Garderobe.

> 9. Das Risiko einer unliebsamen Schwiegertochter oder eines mißratenen Enkels ist gleich null.

> 10. Er wird auch im Alter nie einsam sein, weil er über Jahre hinweg einen großen Freundeskreis aufgebaut hat.

Falls jetzt irgendwer bedauert, keinen schwulen Verwandten zu haben: Kopf hoch, wahrscheinlich hast du einen!

Der Kandidat hat 99 Punkte:
Wie perfekt war dein Coming-out?

Denkst du, du bist soweit? Gerüstet, nicht nur die unendlichen Wonnen des schwulen Lebens zu verkraften, sondern auch dazu zu stehen? Laß sehen:

1. Du hast gerade eine neue Stelle angetreten. Dein Chef, ein Fußballfan, verwickelt dich in eine Diskussion über die Fußball-Bundesliga. Du:

a. tust so, als wärest du schwerhörig,

b. erinnerst dich urplötzlich an ein dringendes Telefonat,

c. wirfst den Namen der einzigen Spitzenmannschaft ein, die du kennst — ohne sicher zu sein, ob es die richtige Sportart ist,

d. versuchst das Thema auf die neue Herrenmode zu verlegen.

☐ a ☐ b ☐ c ☐ d

2. Auf einer einsamen Landstraße hast du mitten in der Pampa eine Reifenpanne. Du:

a. brichst in Tränen aus,

b. legst dich auf die Kühlerhaube und läßt dich bräunen, bis der nächste geile Fernfahrer vorbeikommt,

c. rufst per Handy die Pannenhilfe,

d. läufst zum nächsten Bauernhof und bittest um Hilfe.

☐ a ☐ b ☐ c ☐ d

3. Du bist bei den Eltern zu Besuch. Deine Mutter erwartet Gäste zum Essen und stellt plötzlich fest, daß sie den Nachtisch vergessen hat. Du:

a. rennst zum Supermarkt und kaufst einen Fertigpudding,

b. streichst das Dessert und bereitest eine Extra-Vorspeise zu,

c. fragst deine Schwester, ob sie nicht irgendwas zubereiten kann,

d. schickst Mutti ins Wohnzimmer, inspizierst die Vorräte und dann zauberst aus einem Becher Schlagsahne, dem Rest Erdbeermarmelade und ein paar Schokostreuseln das beste Dessert, das je aus dieser Küche kam.

☐ a ☐ b ☐ c ☐ d

4. Einige deiner Hetero-Arbeitskollegen erfahren zufällig von deiner Party. Pflichtbewußt lädst du sie ein — in der Erwartung, daß sie nicht kommen werden. Überraschung: Sie nehmen mit Freuden an. Du:

a. sagst die Party ab,
b. bittest deine schwulen Freunde, sich „anständig" zu benehmen und vor allen Dingen nicht zu schmusen,
c. weißt, daß deine Kollegen erwachsen sind und auch nicht von vorgestern,
d. lädst noch mehr langweilige Heten ein, um die Mischung etwas besser auszubalancieren.

☐ a ☐ b ☐ c ☐ d

5. Du wirst „mit Begleitung" zu einer Hochzeitsfeier eingeladen. Du hast gerade keinen festen Freund, willst aber nicht alleine herumhängen. Du:

a. schlägst die Einladung aus,
b. gehst mit einer Bekannten hin,
c. nimmst den Typ mit, den du letzten Samstag aus der Disco abgeschleppt hast,
d. findest heraus, wer noch eingeladen ist (vorzugsweise Singles) und schließt dich ihnen an.

☐ a ☐ b ☐ c ☐ d

6. Du gehst mit (aus wichtigem Grunde nicht eingeweihten) Arbeitskollegen zum Mittagessen in ein neues Restaurant. Der „auffallend gutaussehende" Kellner spricht dich mit Vornamen an und fragt, wie es dir letzte Nacht gefallen hat. Du:

a. läufst beim bloßen Gedanken an eure „heftige" Begegnung tiefdunkelrot an,
b. sagst, hier müsse eine Verwechlung vorliegen,
c. antwortest „Es war köstlich. Meinen *Arbeitskollegen* wird es ganz sicher auch schmecken",
d. wirfst zur Ablenkung dein Glas um.

☐ a ☐ b ☐ c ☐ d

7. Als du, mit nichts als Hot-pants und Doc Martens bekleidet, aus einer schwulen Bar kommst, rennst du einigen Heterofreunden in die Arme. Bisher hieltest du die Zeit noch nicht für gekommen, ihnen deine Sexualität zu offenbaren. Jetzt ist die Situation eindeutig. Du:

a. rufst überrascht aus „Ich wußte gar nicht, daß ihr schwul seid!"

b. hechtest in die nächste Einfahrt und betest, daß sie dich nicht erkannt haben,

c. sagst ihnen, was für eine tolle Gegend das hier ist, mit guten Restaurants und „progressiven" Clubs,

d. entscheidest spontan, daß dies der beste Moment sei, deine Freunde aufzuklären. Anschließend zeigst du ihnen auch gleich, wie eine schwule Disco von innen aussieht.

☐ a ☐ b ☐ c ☐ d

ANTWORTEN

1. a. Falls du dich in der Materie auskennst, beteilige dich an der Unterhaltung. Ansonsten halt den Mund!

2. c. Wenn du nicht weißt, wie man einen Reifen wechselt: Lern's! Bis dahin nimm lieber ein Handy mit in die Provinz. Falls du (a) angekreuzt hast, schäm' dich: du bist schwul, nicht hilflos!

3. d. Wer sich zu Recht als schwul bezeichnen will, hilft seiner Mama aus der Patsche. Würdest du *deinen* Gästen Fertigpudding servieren?

4. c. Keine Panik; genieße den Abend. Wenn du deine schwulen Freunde nicht gerade in der Gosse aufgelesen hast, werden sich auch deine Heterofreunde gut amüsieren (falls nicht, brauchst du bessere Freunde).

5. d. Geh auf jeden Fall hin! Schwulsein bedeutet nicht den Verzicht auf sämtliche Hetero-Rituale (so fade sie auch manchmal sein mögen). Aber geh nicht mit deinem letzten One-night-Stand hin. Egal wie gut er aussieht. (Und falls doch, bringe ihm vorher bei, wie man mit Messer und Gabel ißt!)

6. c. Antworte: „Es war köstlich. Meinen Arbeitskollegen wird es ganz sicher auch schmecken." Die Kollegen werden denken, du warst schon mal hier. Dein Kellnerfreund ist hoffentlich im Kopf so fit wie im Bett. Wenn nicht, mache mit zukünftigen Gespielen erst einen Intelligenztest.

7. c. Auch hier ist cool bleiben angesagt. Deine Heterokumpels werden dich für hip halten. Irgendwann solltest du ihnen aber schon sagen, wie hip du *wirklich* bist. Einverstanden?

Ursli Pfister

Was ist das Glitzern der Matterhorn-Gletscher in der Mittags-
sonne gegen diese schillernde Persönlichkeit? In Las Vegas
aufgewachsen, schaute Ursli wohl dem großen Liberace den
Trick mit den Ringen ab – an jedem Finger 60 Karat, und
trotzdem perfektes Spiel. Wen wundert's, daß der Sänger, Entertainer, Schauspieler und Regisseur schon bald auch als
Experte in Schönheitsfragen eine Autorität wurde?! Sehr zum
Verdruß von Karl Lagerfeld übrigens, der seither nur noch als
„No. 2" gehandelt wird ...

Absolutely Fabulous

Aussehn wie ein Mann, nur schöner

▷ Weithin gilt schwul als gleichbedeutend mit schön. Schön wär's. Es gibt Tage, da ist mein Spiegel ganz anderer Meinung. Zum Glück gibt es aber auch eine ganze Menge Tricks. Bevor wir uns dieser praktischen Seite zuwenden, erst noch ein paar philosophische Gedanken. Gerade beim Thema Schönheit bietet sich das an.

Bis vor wenigen Jahren war der Ausdruck „schön", bezogen auf Männer, verpönt. Ein gesteigertes optisches Reizpotential beim Mann wurde ersatzweise mit „gutaussehend" umschrieben. Etwa so, als würde man statt „heiß" so was wie „hochtemperaturanfühlig" sagen. Erst seit die Werbewirtschaft uns mit *Designer-Beautys* überflutet und eine neue Generation selbstbewußter Frauen (und Schwuler!) ihr Recht auf Lust öffentlich einfordert, wird allgemein vom *schönen* Mann gesprochen. Wenn er denn schön *ist*.

Die Schönheitsideale und die imaginären Grenzlinien sind reichlich durcheinandergeraten: Glaubte man bis in die 70er Jahre, den Schwulen an seinem weibischen Äußeren erkennen zu können, hat er sich inzwischen zum Prototypen des kerligen Mannes gewandelt. Der gemeine Hetero hechelt mit hängender Zunge und ebensolchem Hintern hinterher. Wir Schwulen setzen die Maßstäbe, und wir setzen sie hoch an. Dafür haben wir schließlich unseren Sinn für Ästhetik (und unser Äußeres) so hervorragend kultiviert. Der Heteromann durfte lange genug glauben, das alles nicht nötig zu haben: Er war Mann, und das genügte. *Those were the days, my friend...*

Begegnet uns z.B. ein schlechtrasierter Bierbauch im schlabbrigen Jogginganzug, ein goldkettchenbehängtes Zottelhaar in „stone washed"-Jeans und ausgelatschten Cowboystiefeln oder eine graue Büromaus mit Polyesterkrawatte und Tennissocken, kann Homosexualität verbindlich ausgeschlossen werden. Ein Schwuler würde sich nie in dieser Weise an sich und seiner

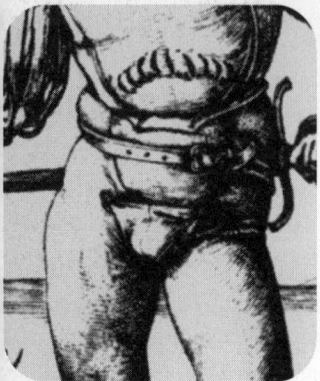

Alles schon mal dagewesen: Der Landsknechts-Latz aus dem 15. Jh.

... die fürstliche Vorwölbung aus dem 16. Jh. ...

... und schließlich das Szene-Suspensorium aus dem 20. Jh.

Umwelt versündigen. Wir haben *Stil* – mit langer Tradition.

> Lieber schwul, als in einem alten Wollkleid stecken.
> *Walter Bockmeier*

Schon um 100 n. Chr. soll sich Antinous, der Liebhaber des römischen Kaisers Hadrian, aus ästhetischen Erwägungen heraus umgebracht haben. Mit zarten 21 Lenzen ertränkte sich das süße Früchtchen, um nicht alt und schrumplig zu werden. Ein früher Fall von Jugendlichkeitswahn. Danach verläuft sich die Spur schwulen Schönheitsempfindens im Sande heterosexueller Geschichtsschreibung. Über Jahrhunderte blieb unklar, wer die treibenden Kräfte hinter den Weiterentwicklungen der Herrenmode waren. Jedenfalls trieb sie es bunt.

Mit dem Siegeszug der Hose im Spätmittelalter fingen die Männer an, ihre körperlichen Reize zunehmend deutlich herauszustellen. Verdeckten anfangs noch lange, wallende Gewänder das hauteng anliegende Beinkleid, rutschte der Saum schnell immer weiter nach oben.

> In jenen Tagen ging die Torheit der Menschen so weit, daß die jüngeren Männer so kurze Röcke trugen, daß sie weder die Schamteile noch den Hintern bedeckten.
> *Mainzer Chronik, 1367*

Die Renaissance entwickelte aus dem, zunächst technisch bedingt, überdeutlich betonten Hosenlatz die sogenannte Schamkapsel – eine Art außen getragenes Suspensorium. Rund 500 Jahre später griff

Jean-Paul Gaultier in seiner 1987er Kollektion dieses Motiv wieder auf. Michael Jackson trug es (fragt sich bloß, worüber), und die Clubwear der 90er Jahre erfindet immer raffiniertere Schnitte, um des Mannes bestes Stück in all seiner Erhabenheit herauszustellen. Diesmal definitiv getrieben vom schwulen Geschmack. Aber gehen wir noch mal zurück in der Zeit.

Das Rokoko muß eine deutlich andere Vorstellung von Männlichkeit gehabt haben. Der feine Herr putzte sich mit Rüschen, Schleifen und Schnallen heraus, trug monströs ondulierte Perücken und zentimeterdickes Make-up. Wie ein parfümierter Paradiesvogel stolzierte er durch die Schloßgärten, doch tat er das für die Dame seines

Macho, Macho koast net lerna ... Der adlige Adonis im 18. Jh. erscheint uns heute doch ein wenig blümerant.

Herzens — mehrheitlich jedenfalls.

Erst im späten 19. Jahrhundert entwickelte sich eine biederlangweilige Hetero-Herrenmode, von der sich die Schwulen durch das gewisse Etwas leicht abheben konnten. Angesichts des massiven Lidschatten- und Lippenstiftgebrauchs bei den Helden der Stummfilm-Ära bleibt die Abgrenzung zwischen Homo und Hetero aber weiterhin eher fragwürdig.

Wann also entstand das Klischee vom weibischen Schwulen, der schon von weitem so ganz anders aussieht als ein „richtiger" Mann? Es hat zwar immer Schwestern mit mädchen-

Erst das lustfeindliche 19. Jh. macht aus galanten Männern graue Mäuse.

haften Attitüden gegeben, aber auch die Heterotunte ist nicht selten zu beobachten – Männer, die Frauen lieben und dabei den kleinen Finger abspreizen.

Die im San Francisco (die New Yorker sagen: New York) der siebziger Jahre erfundenen *Clones* kippten die Verhältnisse jedenfalls endgültig um. Der Schwule stylte sich kerliger als jeder Kerl, nur eben besser frisiert. Irgendwann ging dann dieses schwule Schönheitsideal eine symbiotische Verbindung mit den muskelbepackten Actionhelden Hollywoods und den Marketingstrategien der Kosmetikindustrie ein. Die Männer wurden immer männlicher, die Fitneßstudios voller, die Bildsprache der Medien durch und durch schwul.

> Was ist schon dran an einem Mann?
>
> *Mary & Gordy*

Wer heute eine Technoparty besucht, wird ohne *Gaydar* nicht mehr in der Lage sein, die Heteromänner von den Schwulen zu unterscheiden. Und als ein amerikanischer Künstler das Anzeigenmotiv für Calvin Kleins *Eternity* mit der Statue *Wehrmacht* von Hitlers Lieblingsbildhauer Arno Breker verfremdete, fiel das kaum noch jemandem auf. Irgendwie pervers, oder?

Der Mann als Pfau, mal gerüscht, mal bodygebuildet, hat also eine weit längere Tradition als das ungepflegte, reizlose Monster, das biertrinkend vor der Glotze hängt. Den wahren Kern schwuler Ästhetik müssen wir demnach im Bewußtsein suchen – sprich: Für wen machen wir das eigentlich?

Zum einen ist für uns Schwule Schönheit ein Wert an sich. Da wir uns nicht alle an den Decken Sixtinischer Kapellen austoben können, investieren wir die überschüssige Energie in unser Äußeres. Gleichzeitig verfolgt das einen ganz praktischen Zweck: Gutes Aussehen ist die Basis für eine erfolgreiche Balz. So läuft es im Tierreich seit Jahrmillionen. Gewissermaßen rücken wir Schwulen also nur die natürliche Ordnung wieder zurecht, nachdem träge gewordene Heten sie vorübergehend außer Kraft gesetzt haben. Aber genug der Philosophie, kommen wir zu den praktischen Tips!

Mit dem Gesicht
Vier grundlegende Geschmacksregeln

Allzu leicht kann sich der modebewußte Schwule (also jeder von uns) in den Ruin treiben, wenn er jeden Trend gleich mitmacht. Unkontrolliertes Einkaufen ist nicht nur finanziell bedenklich, es bringt auch peinliche Mißgriffe. Ob dies nun zu überquellenden Schränken voller ungetragener Designerfashion führt oder zu schadenfrohen Heiterkeitsausbrüchen der schwulen Mitschwestern, bleibt letztlich egal. Es ist ärgerlich – und vermeidbar:

▷ 1. Wenn du ein Kleidungsstück nur beim Zusammentreffen einer Vielzahl unwahrscheinlicher Ereignisse tragen kannst (z.B. du wirst beim *Gay Mardi Gras* in Sydney von Calvin Kleins Headhuntern entdeckt und erhältst eine eigene Fernsehshow): Laß die Finger davon!

▷ 2. Es gibt einen ganz einfachen Grund, warum die Typen aus der Werbung in ihren Klamotten so fabelhaft aussehen: Sie werden dafür bezahlt! Bevor du dir also den hautengen Body bestellst, unterziehe deinen Körperbau einer kritischen Prüfung. Kannst du wirklich mit dem Halbgott im Katalog (der täglich fünf Stunden im Fitneßstudio verbringt) mithalten? Vielleicht solltest du doch lieber der Oversized-Mode folgen.

▷ 3. Lasse dich niemals auf das „Du kannst dir nicht vorstellen, wieviel ich für dieses Teil bezahlt habe"-Spiel ein! Man muß kein Vermögen ausgeben, um gut auszusehen. Ein schlichtes weißes T-Shirt und eine gutsitzende Jeans sind nach wie vor das heißeste Outfit.

▷ 4. Die übelsten (und teuersten) Fehlkäufe passieren, wenn Schwule sich zu weit in modische Bereiche abseits ihres gewohnten Looks wagen. Wie der etwas mollige Bankangestellte Mitte Vierzig, der in Anzug, Schlips und Kragen wirklich großartig aussieht, sich aber in einem Anfall geistiger Umnachtung in ein knallenges, lurexglänzendes *Disco Bunny*-Outfit zwängt. Zugegeben, alle schauen nur auf ihn. Aber sonst? Mach das beste aus *dir*. Mach dich nicht zum peinlichen Abklatsch von irgend jemand anderem.

Begnadete Körper
Athleten und andere Mannsbuilder

Die Glücklichen unter uns kommen *mesomorph* auf die Welt: Der athletische Körperbau ist ihnen angeboren. Ganz von selbst wachsen diesen Schwulen breite Schultern, dralle Titten, stramme Schenkel, ein Waschbrettbauch und ein Knackarsch erster Ordnung. Sie können fressen wie ein Scheunendrescher — kein Trauerrand wird sich je auf ihre Hüfte legen, die Taille bleibt schmal, schmal, schmal.

Einer Mehrheit der Schwulen (wie aller Menschen) ist diese Gunst des Schicksals jedoch versagt. Dummerweise waren wir es selbst, die den perfekt geformten Mann zum einzig wahren Schönheitsideal gemacht haben. Dafür büßen wir jetzt in endlosen Stunden körperlicher Ertüchtigung. Der Preis ist Schweiß, und er ist hoch. Aber „wer schön sein will, muß leiden"!

> In just seven days I will make you a man!
> *Frank'n'Furter in der „Rocky Horror (Picture) Show"*

Unser emsiges Streben nach der göttlichen Figur hat so manchem Sportstudiobesitzer den Porsche finanziert und die Hersteller von Eiweißflocken glücklich gemacht. Uns selbst kann es auch glücklich machen — wenn sich der ersehnte Erfolg endlich einstellt. Manche werden so glücklich dabei, daß sie gar nicht bemerken, wann es reicht. Meistens erwischt es die *endomorph* Geborenen. Die Natur hat sie zu kleinen Dicken bestimmt. Wenn sie dann auf knappen 160 Zentimetern Länge die Muskelpakete eines Schwarzenegger unterbringen, verwechseln sie „attraktiv" mit „Jahrmarktsattraktion". Bedauerlich!

Andere können strampeln und rudern und stemmen und tun — es wächst einfach nichts Rechtes. Die Wissenschaft nennt das *ektomorph*. Zur Bohnenstange vorbestimmt. Diese Gattung kann jetzt endlich wieder Hoffnung schöpfen, denn allmählich macht sich ein etwas anderes Mannsbild in den Hochglanzillustrierten breit. Der Neue hat zwar gute Konturen (die ein Ektomorpher seinen schlaksigen Knochen mit viel Mühe gerade noch so abringen kann), ist aber kein aufgespritztes Muskelpa-

§1,a) moi ist der gockel
–immer
gockel

c.)

43,78 cm
(der goldene Schnitt)

endomorph =

Ⓐ.

B:ektomorph

DAS Maß

ket mehr. Einziger Haken bei der Sache: Ein Gesicht wie süße Sechzehn sollte man schon mitbringen. Das wird schwierig, jenseits der Dreißig. Außerdem zieht das *man child* massenhaft pubertierende Mädchen an. Vor allem, seit *Take That* sich aufgelöst haben.

Die auf Dauer beste Lösung ist wahrscheinlich ein Kompromiß: Maßvolle sportliche Betätigung, ein halbwegs gesunder Lebenswandel und ein uneingeschränktes Ja zum eigenen Körper. Es gibt nun mal Dinge, die wir uns beim besten Willen nicht an- oder abtrainieren können. Vielleicht würde es uns auch gar nicht stehen. Und, apropos: *Stehen* tut so manchem Muskelwunder sowieso nichts mehr. Weil er alles verfügbare Blut in den *Pectoralis* pumpt.

Was bin ich?
Schwule Typologien

Teil drei unseres Grundkurs in Körpersprache: Bei der Gestaltung deines Äußeren geht es keineswegs nur um Schönheit. Die Geschmäcker sind sowieso verschieden. Aber du sendest mit deinem Outfit bestimmte Signale. Besser, du weißt darüber Bescheid, *bevor* der Empfänger dich aus der Kledage pellt:

▷ **Lederkerl**

Er ist ein Kerl, ein ganzer Mann. Das muß er auch sein, denn seine Verpackung aus Edelstahl und glücklichen Kühen wiegt gut und gerne einen Zentner. Für Aufruhr sorgt dieser Look heutzutage nur noch bei der Sicherheitskontrolle am Flughafen, wo das hektische Alarmpiepen nicht selten erst verstummt, wenn endlich auch der

metallene Schwanzring diskret entfernt wurde. Die supermänn-
liche Ausstrahlung dieser Spezies nimmt im Bett oft ein jähes
Ende: Dort wird der Gockel zum Brathähnchen – und bettelt um
die Füllung.

▷ Latex-Luder

Sieht im Idealfall aus wie ein junger
Gott in wasserdichter Unterwäsche,
nicht selten aber wie Fischers Fritz
auf dem Tuntenfasching. Auch werden die formenden Eigenschaften
des Materials allzuleicht über-, die
elastischen Eigenschaften hingegen
unterschätzt. Jedenfalls verbirgt
sich in der Gummipelle meist kein
Weichei, sondern ein Liebhaber
knallharter Touren. Oder ein Volltrottel, der seinen
modischen Miß-
griff noch heftig
bereuen wird.

▷ Jeansboy

Die Betonung liegt auf *Boy*. Selbst wenn dieser Junge kurz vor (oder hinter?) dem Renten-
alter steht. Das kann dann schon ziemlich
peinlich werden. Viele schaffen es aber,
tatsächlich jugendlich auszusehen. Oder sie
sind es sogar. Jedenfalls gehören ein weißes
Feinripp-Shirt, *Doc Martens*, Kurzhaarschnitt
und die Mitgliedschaft in einem angesagten
Fitneßstudio unbedingt dazu. Im Bett kann
vom Jeansboy einiges erwartet werden, allerdings keine allzu ausgefallenen Nummern.

▷ Polit-Schwester

Hier kommt es auf die inneren Werte an. Bei der Verpackung wird gespart. Schlabbrige T-Shirts, die letzten noch existierenden Cordhosen und von unzähligen Protestmärschen ausgelatschten Turnschuhe (irgendeines der wenigen Fabrikate, die tatsächlich *nie* in Mode waren) sind genug. Trotz ihrer ablehnenden Haltung gegenüber allem Militärischen kann diese Sorte im Bett abgehen wie eine Rakete – wenn sie nicht ins Politisieren gerät.

▷ Fashion-Victim

Oberflächlich betrachtet (und hier geht es durchweg oberflächlich zu) das Gegenbild zur Polit-Schwester: In seinen Designerfetzen stecken enorme Werte, aber ganz bestimmt keine *inneren*. Die haben ja kein prestigeträchtiges Etikett, das man diskret-gezielt irgendwo raushängen lassen kann. Im Bett wie überall ist diese Art Mann sich ganz und gar selbst genug. Stell ihm einen Panoramaspiegel hin und such dir einen anderen.

▷ Alter Öko

Der Umwelt zuliebe versagt er sich die
Freuden des Lebens – und versucht sie
auch seinen Mitmenschen zu vergällen.
Sein 100% biologisch abbaubares Outfit verursacht ganz sicher keine Allergi-
en, kratzt aber trotzdem fürchterlich.
Beim Sex neigt der sonst so genügsame
Öko dazu, den generellen Konsumver-
zicht überzukompensieren. Gib ihm ein
paar Kraftflocken und genieße es!

▷ Kulturtucke

Sie sieht immer aus, als käme sie
gerade von einer Opernpremiere.
Dabei könnte es auch eine Vernissage gewesen sein. Der Smoking
steht ihr ausgezeichnet, und die sei-
dene Krawatte sitzt makellos. Wenn
du ein paar Stunden Smalltalk von
der *Met* bis *Bolschoi* ertragen
kannst, kommt vielleicht ein gran-
dioser Walkürenritt hinterher. Oder
die Unvollendete.

▷ Bodybuilder

Ihn interessiert nur eines – sein Körperbau. Entweder arbeitet er gerade daran, oder er stellt ihn zur Schau. Dazu gehören ultraknappe Höschen aus hauchdünnem Elastikmaterial und Shirts, die nie den Bauchnabel und selten die Brustwarzen bedecken. Das ist hübsch anzusehen, nützt aber nichts: Narzißten lieben rein platonisch. Und kriegst du ihn doch ins Bett, wirst du erfahren, was die US-Schwulen mit „Körper aus Stahl, Fersen aus Helium" meinen …

▷ Bohemien

Seine größte Kunst ist die des Überlebens, denn sein Genie wird natürlich verkannt. Mit Kneipenjobs schafft er mühsam die Kohle heran, die seine fragwürdigen Freunde bei der nächsten Vernissage in Nullkommanichts versaufen werden. Er trägt phantasievolle Outfits aus Second-hand und Eigenbau. Natürlich ist er *wahnsinnig* empfindsam. Vor allem im Bett. Das nervt.

▷ Sugardaddy

Hinter einer in Jahrzehnten aufgebauten Dauerbräune und einer Familienpackung *Colorelle* bleibt sein wahres Alter verborgen (kann aber nicht hoch genug eingeschätzt werden). Er trägt Bundfaltenhosen, Hemden mit dezenten Streifen und offenem Kragen, dazu wenn's geht ein halbes Pfund Goldschmuck. Sein Geld und seine enorme Erfahrung machen ihn zum interessanten Liebhaber. Besonders für Anfänger und Abgebrannte.

▷ Der nette Junge von nebenan

Er trägt ganz normale Jeans, ganz normale Sweatshirts und ganz normale *Adidas*. Alles an ihm sieht eigentlich ganz normal aus. Er ist auch ganz normal. Nur sein Männerverschleiß kann gewiß nicht als normal gelten: Der ist super! Der problemlosen Entsorgung wegen holt er sich seinen Nachschub vorzugsweise auf Klappen und anderen Schnellimbett-Stationen. Plane nicht mehr als eine Stunde ein. Oder nimm gleich zwei von der Sorte mit.

▷ Tunte

Alles an ihr ist toupiert, onduliert, parfümiert, maniküort, gefärbt, geföhnt, getönt oder sonstwie künstlich aufbereitet. So gesehen, ist sie quasi ein Pionier der *virtuellen Realität*. Im Bett ist sie stinklangweilig und vorwiegend damit beschäftigt, ihre kostbare Maske vor Beschädigung zu schützen. Hinterläßt Flecken, die nie wieder ganz rausgehen.

Gut durchgebraten
Sonnen- und andere Bräune

Bis in die 20er Jahre unseres Jahrhunderts galt Sonnenbräune als Zeichen von Armut. Nur die unterprivilegierten Schichten mußten sich berufsbedingt den harten Strahlen aussetzen, während die vornehme Welt selbst im Juli hochgeschlossen lustwandelte, von breitkrempigen Hüten und kleinen Schirmchen zusätzlich dem Licht entzogen.

Die um die Jahrhundertwende einsetzende „Reformbewegung" propagierte dann das freie Leben in gesunder Natur. Eine leichte Tönung war da unvermeidlich, ließ sich aber notfalls überpudern. Erst in den letzten Jahrzehnten hat sich verbrutzelte Haut zum Markenzeichen für Wohlstand und Gesundheit gemausert. Natürlich ist das völliger Quatsch, weshalb die Südländer, deren Sonnenstrände wir zu Millionen bevölkern, unseren Grillprozeß von schattigen Plätzchen aus kopfschüttelnd betrachten. Schon vor der Ozonkrise wußten diese Menschen, daß zuviel Bräune den Teint allmählich in eine Art Krokodilleder verwandelt. Bestenfalls.

Natürlich tut eine wohldosierte Lichttherapie Körper und Seele gut. Die typische Winterdepression z.B. ist Folge des Mangels an einem Hormon, das der Körper nur unter Sonnenbestrahlung produzieren kann. Einen stunden-, tage- oder gar wochenlangen Dauerbeschuß mit UV-A und -B braucht der Körper aber keinesfalls. Im Gegenteil: Es macht ihn krank.

Die Sonne aus dem Automaten, als preiswerte Alternative zu den Kanarischen Inseln, kann gegen Depressionen, zur Aknebehandlung oder auch als Vorbereitung auf unvermeidbaren Strahlenstreß gut sein. Wichtig ist die Auswahl des geeigneten Studios: Eine gründliche Beratung durch geschultes Personal und regelmäßig gewartete Röhren müssen sein. Das kostet zwar etwas mehr, aber nur Geld – nicht *Haut*.

> Ich bin in einer defekten Sonnenbank steckengeblieben. Als der Deckel endlich hochging, war ich fast verbrannt.
> *Lilo Wanders alias Ernie Reinhard in „Blaue Jungs"*

Die künstliche Tieftönung per Hochleistungsgrill hat sowieso ihre Schattenseiten: Erstens sieht man es den meisten irgendwie an der Farbe an, daß es wohl nicht die Seychellen waren, sondern bloß *Sun Fun*. Zweitens bleibt immer dieser blöde weiße Schmetterling über der Po-Ritze. Da kann man sich gleich ein Schild um den Hals hängen.

Letzte Möglichkeit ist die Sonne aus der Tube. Es gibt inzwischen ganz passable Produkte, deren Effekt nicht gleich am nächstbesten Handtuch (oder megateuren Seidenhemd) kleben bleibt. Die Marken *Clinique*, *Biotherm* und *Lancôme* buhlen ums schwule Bräunungsbudget. Der beste Tip von allen aber ist Freundschaft mit Dunkelhäutigen. Die stehn oft auf Weiß!

Mit heißer Nadel
Tattoo und Piercing

Lange galt der Ohrring als schwules Erkennungszeichen erster Ordnung. Was Seeleute und wandernde Zimmermänner nicht davon abhielt, es uns gleichzutun. Als die Ohrring-Manie ausbrach und jeder Depp sich die Ohrläppchen löchern ließ, wichen wir beringungstechnisch auf immer extremere Körperpartien aus. Die Heten machten's nach. Wir ließen uns zusätzlich tätowieren. Die Heten auch. Was nun?

> An dieses Mannes Nase hing, zu Schmuck und Zier, ein Nasenring.
> *Wilhelm Busch in „Fipps, der Affe"*

Egal, ob großflächig (Tattoo) oder punktuell (Piercing): Verschönerung per Nadelstich ist keine schwule Besonderheit mehr, sondern nur noch reine Geschmackssache. Und Nervensache, natürlich. Viele trauen sich einfach nicht; dabei tut der Vorgang als solcher, wenn fachmännisch ausgeführt, gar nicht wirklich weh. Trotzdem kippen auch harte Männer reihenweise aus den Latschen. Die Nadel, dein Alptraum. Vorher Bescheid sagen, dann weckt man dich aus deiner Ohnmacht, sobald alles vorbei ist.

Unangenehm können die ersten Tage nach der „Operation Piercing" sein. Vor allem beim regelmäßigen Wenden und Desinfizieren frisch gesetzter Ringe wird mancher Teint blaßgrün. Übrigens: Die Gefahr, mit dem Schmuckstück irgendwo hängenzubleiben, ist sehr gering – aber ein herrlich gruseliger Gedanke!

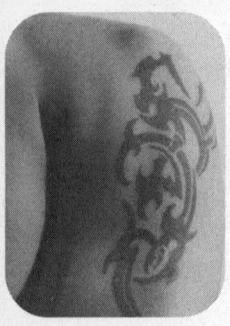

Auch beim Tätowieren kann es Probleme geben. Heute ist es nicht mehr die unbegrenzte Haltbarkeit: Den „Klaus forever" kann man sich mit Laser entfernen lassen, wenn Klaus aus dem Haus und Holger der Nachfolger ist. Die Auswahl des geeigneten Motivs und der passenden Stelle machen die eigentliche Schwierigkeit aus. Es gibt unglaublich viele Tattoo-Varianten. Die meisten davon sehen schlicht blöd aus, egal wo. Temporäre Tattoos sind eine Lösung. Oder Warten auf den nächsten Trend.

Perfectly You
Sieben Tips zur Schönheitspflege

Wir haben's sogar schon im Werbefernsehen gehört: Schönheit kommt von innen! Die so angepriesenen „Spezialdragees" verschönen sicher die Bilanzen des Herstellers. Echte Schönheit von innen funktioniert jedoch anders: Du brauchst ein positives Lebensgefühl, Selbstbewußtsein, kindliche Begeisterungsfähigkeit und täglich ein paar gute Lacher (sowie gelegentlich einen guten Fick). Das strahlt und leuchtet nicht nur von innen heraus, das wirkt auch tatsächlich gegen Falten. Probier's aus!

KOPF BIS FUSS

> Wie kann man jung aussehen, wenn man alt denkt?
> *Veruschka von Lehndorff, Model-Legende*

Mildes Shampoo (*No Name*-Babyshampoo ist die billigste und beste Variante) und möglichst kein Dauerstreß durch Färbemittel, Gel, Spray, Festiger etc. Nicht zu heiß fönen. Bei Glatzenbildung dazu stehen oder einen Friseur suchen, der daraus was erotisch Anziehendes macht.

HAARE

Morgens mit lauwarmem Wasser pur waschen, abends mit einem milden Reinigungsprodukt. Immer nur vorsichtig trockentupfen. Feuchtigkeitscreme wirkt am besten, wenn sie vor dem Zubettgehen aufgetragen wird. Außerdem wichtig: gesunde Ernährung und ausreichend Schlaf, dazu möglichst wenig Streß, Alkohol und Nikotin!

GESICHT

Mindestens zweimal täglich putzen (drei Minuten), mindestens einmal jährlich zur Vorsorgeuntersuchung beim Zahnarzt. Viel Vollkorn und Rohkost halten die Beißerchen bei Laune. Wirklich strahlend weiße Zähne gibt's nur im TV.

ZÄHNE

HÄNDE

Sparsamer Seifengebrauch, gelegentlich *Nivea* oder *Florena* und eine Spülmaschine für den Abwasch sind die perfekte Pflege. Brüchige Fingernägel lassen sich durch ausgewogene Ernährung vermeiden. Gegen Trauerränder hilft nur die Bürste — oder dunkler Nagellack.

FÜSSE

Bloß keine Seife, und nach dem Waschen ganz besonders sorgsam trocknen, vor allem zwischen den Zehen. Sonst pilzt es! Gesundes Schuhwerk und atmungsaktive Socken verhindern vermantschte oder schwitzige Füße, so gut es eben geht. Das Beste bei angeborener Neigung zu strengem Geruch ist ein Lover, der darauf steht.

HAUT

Sie mag keine aggressive Chemie und will nicht ständig geduscht oder gebadet werden. Stellen mit hohem Geruchsbildungspotential behutsam mit pH-neutraler Seife entseuchen, dem Rest genügt normalerweise klares Wasser. Die muffenden Schweißbakterien ernähren sich von Hautpilzen, sollten also nicht gänzlich ausgerottet werden. Wechselduschen (zuletzt kalt) und ein wenig Rubbeln sorgen für gute Durchblutung und straffen Sitz des Adamskostüms. Vor übermäßiger Sonne schützen, bei Bedarf parfümfrei fetten, fertig.

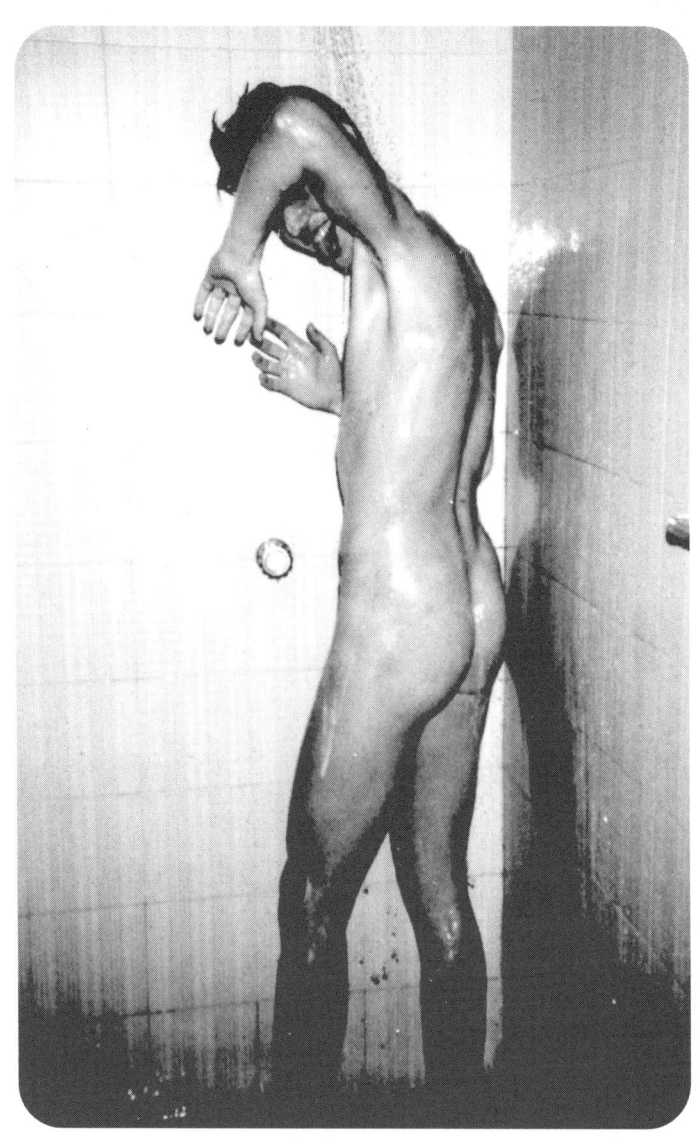

Sie will nicht ständig geduscht werden ...

Charlotte von Mahlsdorf

Sechzig Jahre gelebter Widerstand in wechselnden Diktaturen machten sie längst nicht so bekannt wie das Sammeln alter Möbel: Charlotte mußte sich ihr kleines Glück als „meine eigene Frau" ertrotzen – genau wie ihre einmalige Kollektion von Gründerzeit-Interieurs, die sie unermüdlich rettete, hortete, restaurierte. Jedes Stück ist Geschichte zum Anfassen, zu jedem Stück kann Charlotte Geschichten erzählen. Vom Grammophon bis zur Mulack-Ritze, einer historischen Schwulenkneipe aus Alt-Berlin, wo schon Uropa verkehrte.

Von Ikea bis Ikebana

Schwuler Wohnen und Einrichten

▷ Für den Heteromann mag seine Wohnung nicht viel mehr als die sprichwörtliche „Behausung" sein – eine Art Versorgungsbunker, wo er kaltes Bier und warme Socken lagert. Für den Schwulen ist die Wohnung ein möbliertes *alter ego*. Statt dem Zufallsprinzip folgt die Einrichtung meist einem bis ins letzte Detail genau durchdachten Konzept. Wir wollen ja nicht nur zeigen, wer wir sind, sondern vor allem auch, wie Freunde und gelegentliche „Übernachtungsgäste" uns sehen sollen. Dem erlesenen Geschmack unserer Spezies sei dank, kommen meist vorbildliche Arrangements dabei heraus.

Selbstdarstellung ist natürlich nicht der einzige Zweck des schwulen Lebensraumes. Auch der Selbstverwirklichung sollen die vier Wände dienen. Von der Auswahl des optimalen Standortes bis zur Anordnung letzter Accessoires muß das immer wieder sorgsam bedacht werden.

Irgendwie scheinen alle Großstadt-Schwuchteln zu glauben, daß man anderswo gar nicht leben kann. Zu schwer lastet wohl die Erinnerung an eine Kindheit in Dithmarschen, dem Erzgebirge oder Osttirol auf der zarten Seele. Andererseits vermißt manche Landpomeranze zwar das schwule Café und den öffentlichen Nahverkehr im Stadtpark, aber auf Smog, Chaos und Stau kann sie verzichten. Dann lieber 150 Kilometer Autobahn bis zur nächsten *Men only*-Party. Welcher Wohnort der richtige ist, hängt von vielem ab: Wo gibt's die besten Jobs, wo gibt's die schönsten Jungs, wo gibt's die coolsten Japan-Möbel, um nur einige Möglichkeiten aufzuzählen. Die extreme Ballung von Jobs, Jungs und Japan-Möbelhäusern macht unsere Metropolen in der Tat besonders attraktiv. Fragt sich bloß, welche:

> Ich würde Hannover verbieten.
>
> *Melitta Sundström*

▷ Berlin

Das New York Europas ist eine Stadt der krassen Gegensätze; aufregend und anstrengend, chaotisch, grandios und piefig zugleich. Viel Grün, viel Wasser, hoher Erholungswert. Heiße Sommer, grausam kalte Winter. Großzügige Altbauwohnungen mit originellen Details, z.B. einem zehn Meter langen Flur. Auffallend viele schöne Männer aus aller Herren Länder bevölkern die (extrem dreckigen) Straßen. Enorme schwule Infrastruktur; gigantische, wild ausufernde Szene – im Westteil mehr cool und im Ostteil mehr herzlich. Exzessive Partys. Massenhaft schwulenfreundliche Jobs in Kultur, Medien, Gastronomie, Einzelhandel und Gesundheitswesen. Wer am Wochenende nicht durchsumpft, macht Radtouren in die romantische Umgebung.

▷ Köln

Wie eine Zeitreisende aus den 60er Jahren scheint die vom Wiederaufbau grausam entstellte Stadt. Im Belgischen Viertel, in der Südstadt und rund um den Alter Markt haben sich ein paar hübsche Ecken erhalten. Mildes Meeresklima ohne Extreme. Kleine, enge Wohnungen in den wenigen Altbauten und den vielen Nachkriegs-Siedlungshäusern des hellhörigen Leichtbaus. Doch die weltoffene Frohnatur der Kölner (ein Erbe ihrer levantinischen Ahnen?) pfeift auf Äußerlichkeiten. Hier brodelt das Leben, nicht nur beim turnusmäßigen Altstadthochwasser. Köln ist ein Magnet; die riesige Schwulenszene konkurriert heftigst mit Berlin. Am Wochenende fallen ganze Horden Amüsierwütiger aus 200 km Umkreis ein. Besonders gefürchtet: die Bergheimer. Der Kölner nutzt dann die kurzen Wege nach Holland. Kultur, Medien, Kunsthandel und Messe bieten reichlich Jobs für Schwule.

▷ Hamburg

Das „Hoch im Norden" bezichtigt sich, die „reichste Stadt Europas" zu sein. Doch protzt der Hanseat nicht mit seinem Geld, er hat es bloß. Villenartige Häuser mit geräumigen Wohnungen säumen endlose Alleen. Atemberaubende Shopping-Möglich-

keiten, vorzugsweise in überdachten Marmorgallerias (weil es
andauernd regnet). Facettenreiche Schwulenszene von Leder
bis Schickimicki. Auf den ersten Blick extrem kühl, kann auch
der Hamburger zu familiärer Gemütlichkeit auftauen – wenn
man ihn lange genug bearbeitet. Schwule Jobs bieten vor allem
Zeitschriftenverlage, Werbeagenturen und Nobelboutiquen.
Am Wochenende fährt man nach Sylt oder London.

▷ München

Böse Zungen behaupten, München sei von zwei Sorten Menschen bevölkert: erstens von krachledernen Urbayern und
zweitens von Düsseldorfern, die sich New York nicht leisten
können. Lebenslustig, oberflächlich und mit gnadenloser
Sperrstunde. Viel barocke Pracht und anderweitig demonstra-
tiv zur Schau gestellter Reichtum (teure Autos, teure Klamotten, teure Getränke). Klimatische Besonderheit: der „Fön", ein
warmer Fallwind mit migräne- bzw. depressionsauslösender
Wirkung. Ihr Herz hat die Bayernmetropole spätestens mit
Gauweiler verloren – allerdings *nicht* an die Schwulen. Die
halten trotzdem zu Bavaria, wohnen in ausgebauten Dach-
geschossen, arbeiten bei Privatsendern, Fluggesellschaften oder
Steuerberatungsbüros und verbringen ihre Wochenenden in
Südtirol, Wolfratshausen oder am Flaucher.

▷ Leipzig

Zu Unrecht als provinziell oder spießig verschrien, war Leipzig
schon Weltstadt, als an Spree und Isar noch die Kühe grasten.
Abenteuerliches Pflaster mit ruinösen Mietskasernen und auf-
poliertem Gründerzeit-Protz, eingebettet in die Mondland-
schaften des Braunkohletagebaus. Gemäßigtes Klima ohne
besondere Höhepunkte, außer bei den Smogwerten. Umtriebige
Jugend- und Kulturszene. Das durchaus beachtliche schwule
Leben spielt sich (noch) überwiegend im verborgenen ab.
Extreme Sprachbarriere für Nicht-Sachsen. Eine Stadt im Aufbau, die dem Pioniergeist viel Raum zur Entfaltung gewährt.
Wenig Jobs. Gute Verkehrsverbindungen nach Berlin.

▷ Frankfurt / M

Gigantische Phallussymbole gemahnen an die Omnipotenz des Geldes. Dazwischen quirlt ein internationales Völkergemisch. Allerdings nur bis Büroschluß – dann klappen die Bürgersteige hoch. Naßkalte Winter, stickig-heiße Sommer. Ungefähr 90 % der Frankfurter Schwulen arbeiten als Flugbegleiter oder bei Banken, Sparkassen und Geldinstituten. Geld und Karriere sind hier so wichtig wie nirgends sonst jenseits von Beverly Hills. Da hilft nur der typisch hessische *Badesalz*-Humor – oder die hervorragenden Verkehrsverbindungen in alle Welt. Gewohnt wird in den ausufernden Vorstädten. Am Wochenende geht's Stand-by nach Las Palmas oder zur Sonderschicht ins Büro.

▷ Wien

Europäische Geschichte im Ultrakonzentrat, mit krummen Gäßchen, prunkvollen Palästen und kunterbunter Postmoderne. Hauptsache schön – auf Ästhetik legt der Wiener Wert! Man wohnt billig im „Gemeindebau" oder repräsentativ in einer Jugendstilvilla, flüchtet vor der Sommerhitze („Der Juli is a Schnellkochtopf") zum Kilometer 5,5 der Donauinsel und feiert am 1. November das gruftige Volksfest auf dem Zentralfriedhof. Die ausgesprochen familiäre Schwulenszene hält wenig von Subkultur, viel vom Flirten (egal wo) und „söör vühl" vom Kaffeehaus. Dort wird vorzugsweise über Kultur und Architektur geplaudert – nicht nur, weil es da die meisten Jobs gibt: Den Spielplan von Oper und „Burg" kennt hier jeder auswendig. Nach Prag und Budapest ist's ein Katzensprung.

▷ Zürich

Pecunia non olet – drum gilt es als sauberste Großstadt der Welt. Hier wird sogar das Geld gewaschen. Clean allerdings ist das Riesendorf am Limmat keineswegs. Dafür macht einwandfreie Wasserqualität den mitten in der Stadt gelegenen See zum Hit (Treffpunkt Utoquai). Seeblick („direkt hinter diesem Häuserblock") ist auch das Markenzeichen der herausgeputzten Großbürgerwohnungen. Der Welt steilste Zahnradbahn erschließt das umliegende Alpenpanorama, ansonsten sind stei-

le Zähne rar: Nur wenig internationales Volk mischt sich ins –
durch gelegentliche Techno-Raves erfrischte – Szenedümpeln.
Was soll's, Schwyzerdütsch ist fremd genug. Wenn die Arbeit
bei den Banken und Versicherungen ruht, besteigt man den
Pilatus bei Luzern – oder 'n anderen Herrn.

▷ Die Mini-Metropolen

Nicht nur in den ganz großen Städten können Schwule das
geeignete Umfeld finden. Auch viele relativ kleine Orte bieten
Freiheit und Abenteuer: Universitätsstädte, von Abertausenden
junger Männer bewohnt und im Semestertakt mit Frischfleisch
versorgt. Wo eine Alma Mater ist, gibt es mit Sicherheit auch
gute Kneipen, Programmkinos, Discos, Off-Theater und Crui-
sing-Areale. Warum also nicht Marburg, Luzern, Innsbruck
oder Greifswald?

Wer glaubt, nur Rindviecher leben auf dem Lande, irrt sich gewaltig: Der alternative Kuhdamm bietet zwar nur äußerst eingeschränkte Shopping-Möglichkei-
ten, aber dafür ist hier die Lederkluft garantiert *politcally correct!*

Theo, wir fahrn nach Lodz!
Überlebenstips für Landpomeranzen

Vieles spricht für ein Leben auf dem Lande. Aus schwuler Sicht reduziert es sich aber weitgehend auf die saubere Luft (gut für den Teint). Trotzdem, es kann ja nicht jeder in einer Weltstadt wohnen. Wo kämen wir denn da hin? Für den Dorfschwulen hier ein paar Tips zum Überleben in der Diaspora:

▷ Abonniere mindestens zwei der wichtigsten schwulen Publikationen deines Landes. Es kommt dabei nicht so sehr auf die Pin-ups an wie auf den Informationsgehalt!

▷ Schaffe dir ein Auto mit Allradantrieb an. Die Lesben aus dem Nachbardorf können dir sicher das Passende empfehlen.

▷ Deine Porno-Videokollektion kann gar nicht so groß sein wie die Nächte mitunter einsam ...

▷ Noch zwei Videos: „Alles über Eva" und „Die Frauen". Damit deine Zunge scharf und die Krallen dschungelrot bleiben.

▷ Mache dir eine genaue Wegeskizze zur nächsten schwulen Bar. Führe stets ein Freßpaket, eine Wasserflasche und ggf. einen Kompaß mit.

▷ Versuche nicht, an der Telefonrechnung zu sparen. Deine Freunde werden wohl kaum vorbeikommen, um dich auf dem laufenden zu halten.

▷ Wenn sie doch mal vorbeikommen, mache dich auf permanente Sticheleien über dein Idyll am Arsch der Welt gefaßt.

▷ Zeige ihnen deinen von schwerer körperlicher Arbeit gestählten, wettergebräunten Alabasterkörper. Sie werden vor Neid platzen.

▷ Wenn du mal in die Großstadt fährst, klopf dir das Heu vom Overall und zieh die Gummistiefel aus!

And his momma cries
Im schwulen Getto

Fällt die schwule Ortswahl aber doch auf eine Millionenstadt, werden meist ganz bestimmte Viertel bevorzugt. Von den Hamburger Heiligen (St. Pauli und St. Georg) bis zu den Berliner Bergen (Kreuz-, Schöne- und Prenzl-) reicht die Liste der beliebtesten Gettos. Hier leben mehr Homos als Haustiere in den Mietskasernen, und das will was heißen. Zur schwulen Disco und dem schwulen Schwimmbad kommen die schwule Apotheke, der schwule Gemüseladen und der schwule Kiosk. Boutiquen voll modischer Extravaganzen für gutgebaute Männer werden ebensowenig fehlen wie Bars voll gutgebauter Männer für erotische Extratouren. Doch wo Licht ist, ist auch Schatten. Darum prüfe dein Gewissen, ob du wirklich willst, daß

▷ der mißglückte One-night-Stand vom letzten Freitag dir alle naselang wieder begegnet: morgens an der Bushaltestelle, nachmittags im Supermarkt und abends im Kino.

▷ die beliebteste Lederbar im Umkreis von 200 Kilometern direkt unter deiner Wohnung liegt. Sie ist nämlich auch die lauteste!

▷ deine Garderobe in zwei unvereinbare modische Linien zerfällt: Sachen, die du *ausschließlich im* Getto tragen kannst, und solche, die *nur außerhalb* geduldet werden.

Nicht immer steht an der unsichtbaren Grenzlinie eine Telefonzelle zum Umkleiden.

▷ du allmählich vergißt, wie schwulenfeindlich die Welt da draußen nach wie vor sein kann.

▷ der Lebensmittelhändler zwar norwegischen Lachs, frische Pasta und diverse Sorten Champagner führt, aber weder Corned beef noch Löwensenf.

▷ die vielen schönen Männer im Hallenbad alle ganz offensichtlich ein weit intensiveres Schwimmtraining absolvieren als du selbst. Nie im Leben wirst du einen so großen Brustumfang erlangen – aber einen noch viel größeren Minderwertigkeitskomplex!

▷ *Levi's* und *Doc Martens* in deiner Größe immer als erstes ausverkauft sind.

▷ der Friseur alias *Hairstylist* für eine trendgerechte Schafschur fast hundert Piepen verlangt. Und du froh sein kannst, wenn er dich wenigstens nicht umfärbt (oder seinen übrigen Kunden ähnlich intimen Klatsch über dich erzählt wie dir von ihnen)!

Manchem mag da ein Appartment im grünen Außenbezirk, das Reihenhaus in Suburbia oder das Eigenheim im Ländlichen verlockender erscheinen. Hier lebt es sich ruhig und angenehm: Horden kreischender Kleinkinder zertrampeln regelmäßig deine Rabatten, einsame Nachbarinnen leihen sich nach und nach sämtliche Küchengeräte aus, und im Sommer hörst du ununterbrochen das „Wupp-wupp-wupp" der Rasensprenger. Außerdem haben neuneinhalb von zehn Männern einen Bierbauch, tragen ständig Jogginghosen oder führen ganze Rudel von Schäferhunden Gassi.

Das Auto, für den Downtowner nur lästiger Luxus, wird lebenswichtig. Und du wirst zur lokalen Berühmtheit – ein nicht immer ungetrübtes Vergnügen. Die Nachbarn verfolgen peinlich genau jedes Lebenszeichen von dir, das sie durch die Gardine erspähen können. Immerhin brauchst du über deine erotischen Abenteuer jetzt nicht mehr selbst Buch zu führen. Es reicht, wenn du sie mit nach Hause nimmst. Und du kannst ein bißchen stolz auf dich sein: Wer unter der kleinkarierten sozialen Kontrolle des Stino-Stetl selbstbewußt schwul lebt, tut weit mehr für unsere Emanzipation als der sendungsbesoffene Hauptstadt-Homo mit seinem *Gay Pride*-Getue.

Man gönnt sich ja sonst nichts
Die Grundausstattung des schwulen Heims

So wichtig wie die korrekte Lage des warmen Nestes ist seine zweckmäßige Ausstattung. Mögen sechsköpfige Familien mit einem winzigen Bad auskommen, ein Schwuler braucht Auslauf um den *Allibert* – spielt doch die Körperpflege eine zentrale Rolle in seinem Leben. Reicht dem männlichen Hetero-Single ein Schweizer Taschenmesser als Kücheninventar (Klinge, Dosenöffner, Korkenzieher, Schere), braucht der Schwule eine weit üppigere Infrastruktur: Die Zubereitung eines Viergang-Menüs für sechs Personen oder ein Quickie auf dem Küchentisch muß ohne weiteres möglich sein. Dementsprechend groß ist der Bedarf an spezialisierten Gerätschaften. Auch der schwule Flur, das schwule Wohnzimmer und der schwule Schlafraum folgen einzig den elementaren Anforderungen des Homo-Alltags. Der bringt nun mal gewisse Verpflichtungen mit sich. Nicht zuletzt repräsentativer Art.

Ein konsequent durchgehaltener, ganz persönlicher Stil, oder zumindest der erkennbare Versuch desselben, zeichnet die schwule Wohnung aus. Gleichzeitig werden sich bestimmte Gegenstände mit größter Wahrscheinlichkeit in jeder Schwulenwohnung anfinden. Zum Beispiel:

FLUR

Indirekte Beleuchtung. Ganzkörperspiegel mit Spot. Garderobenhaken mit Lederjacke und Basecap, viele freie Haken für lieben Besuch (besser gesagt, dessen Lederjacken und Basecaps). Kleiderbügel, aus führenden Herrenmodegeschäften weltweit zusammengeklaut (*Barney's, Selbach, Mitsukoshi*). Fotos des Hausherrn mit gutaussehenden Freunden in rahmen-

losen Bildhaltern (entspiegelt). Stadtplan zur Festlegung nächtlicher Routen. Pinwand mit Einladungen und Eintrittskarten (neu und gebraucht), damit Gäste sie auch ganz bestimmt sehen. Ablagefläche für Accessoires (Schwanzringe, Handschellen, Fächer, Tränengas, Fahrplan der öffentlichen Verkehrsmittel o.ä.). Ein Vorhang kaschiert die Gerümpel-Ecke, u.a. mit Bügelbrett und Schrank oder Regal mit mindestens 20 Paar Schuhen (darunter Pumps Größe 43 und Stiefel Größe 45). Große Bodenvase (ein Geschenk von Mutti).

WOHNZIMMER

Fußboden: Hochglanzversiegeltes Parkett bzw. Dielen oder Teppichboden (*Vorwerk* mit der „Sauberfaser"). Mindestens *ein* repräsentativer Deckenleuchter oder *zwei* Deckenfluter (Dimmer), dazu überall verteilt diverse Kerzenleuchter (alle Messing bzw. Edelstahl *oder* Kristallglas). *Sehr* bequemes Zweiersofa (zum Doppelbett ausklappbar), kleiner Beistelltisch (oder alter Teewagen, Plexiglaswürfel, mit üppigem Dekostoff getarntes Irgendwas) mit verschiedenen Reliquien (gerahmte Fotos des Hausherrn mit gutaussehenden Freunden, spektakuläre Objekte der Schneekugelsammlung, silbernes Art-déco-Teegeschirr) und Aschenbecher (auch bei Nichtrauchern). *Ein* Designersessel (*Bertoia, Wassily*), ausgewählte Zeitschriften, ausgewählte Bildbände (*Hollywood Stills, Sleeping Beauties, Meisterwerke mittelalterlicher Madonnenmalerei*). Eßgelegenheit für mindestens sechs Personen an Jugendstil-Ausziehtisch. Frische Schnittblumen. Wandschmuck: Kunstdrucke (Klee, Gauguin, Picasso, Tom of Finland); Begrünung: Ficus Benjamini, Kentia-Palme u.ä. (gedeihen am besten in Schwulenwohnungen), eine langsam, aber sicher dahinwelkende Orchidee (Geschenk eines sehr guten Freundes).

SCHLAFZIMMER

Schummerbeleuchtung. TV/Video und Stereoanlage. Drei Fernbedienungen, ein Aschenbecher und Papiertaschentücher auf dem Nachttisch; Pornokassetten, Gleitmittel, Kondome, diverse Toys und etwas Thaigras diskret versteckt (Bettkasten?). Großer, aber doch viel zu kleiner Kleiderschrank. *Sehr* großes, *sehr* bequemes Bett mit mehreren Kissen, Reservesteppdecke und Panoramaspiegel. Darunter zwei Paar Hanteln und ein Paar *Calvin Klein Boxer Briefs* (ungeklärter Herkunft). Spannlaken kochfest und bügelfrei (ein Geschenk von Mutti).

KÜCHE

Hochleistungs-Arbeitslicht mit ungefähr 3000 Watt. Designerkühlschrank (*Foron* oder *Gaggenau*), da*ran* mit Magnethaftern befestigt die schönsten Ansichtskarten der letzten Monate (Ibiza, Key West, Sydney, Koh Samui), da*rin* u.a. *Absolut Vodka* oder Tequila, *Beck's, Mumm* oder *Veuve Clicquot*, Hähnchenbrustfilets, Frisée-Salat, Mozzarella, Parmaschinken oder gebeizter norwegischer Lachs. Frische Kräuter auf dem Fensterbrett. Umfassende Sammlung exotischer Gewürze, Öle und Essigzubereitungen (werden tatsächlich verwendet). Ausreichend Geschirr, Besteck und Gläser für zwei bis drei Großfamilien. Stoffservietten. Schneidebrett und Profi-Messerset. Mikrowelle, Umluftherd, Espressomaschine (*Gaggia*) und Kaffee-/Teemaschine (*Braun*), Mixer und Drinkmixer (*Krups*) oder Küchenmaschine (*Moulinex*), elektrische Saftpresse (*Eduscho*). Extraschublade für Kleingeräte

(„der schwule Werkzeugkasten"): u.a. Knoblauchquetsche, Schneebesen, Tee-Ei, Käsemesser, Backpinsel, Rouladenspieße, Sektflaschenverschluß, Teigschaber etc. Kleiner (aber *stabiler*) Tisch (gegessen

wird meist im Wohnzimmer) mit zwei Stühlen (Freischwinger oder *Ted* von *Ikea*). Weinregal mit drei verschiedenen Rotweinen und einem Edelzwicker. Diverse Kochbücher vom Schlage *100 raffinierte Gerichte aus aller Welt* oder *100 traumhafte Dessert-Köstlichkeiten* (selten benutzt; der Schwule entwickelt seine Rezepte selbst). Dekorative Gläser oder Blechdosen (antik) mit Nudeln, Reis, Mehl ... Geschirrtücher mit Monogramm (ein Geschenk von Mutti).

BAD

Hollywood-Star-Spiegel mit Glühbirnenkranz, von Straß-schmuck, Perlenketten und Liebesgrüßen umrankt. Ein Regal voll mit Parfümfläschchen (geschickt arrangiert, die billigen stehen hinten). Riesiger Stauraum für zahllose Töpfchen, Tuben und Tiegel (reicht trotzdem nicht). Zwei Föns, elektrische Zahn-bürste mit Munddusche und drei Sorten Zahnpasta, Einmal-Zahnbürsten und Einweg-Rasierer für kurzfristig übernachtende Gäste. Naß- *und* Trockenrasierer. Ultra-hochpräzisionswaage mit Digitalanzeige und *Memory-*Funktion. Medizinschrank mit *KY* und 100er Famili-enpackung *Aspirin*. Mas-sagehandschuh. *Kleenex.* Waschmaschine (*Siemens* oder *Bosch*) mit Ökotaste und mindestens 1000 Umdrehungen (niemand  sonst wechselt so häufig die Wäsche wie ein Schwuler). Dusche (wenn's schnell gehen muß) und Wanne (wenn's Spaß machen soll). Luxus-Frotteetücher mit Monogramm (ein Geschenk von Mutti).

Weitere Unverzichtbarkeiten des „Schwesternheims" findest du im Kapitel 8: *Schwule Kultur.*

Original Louis XIV:
Kleine schwule Stilkunde

So einheitlich die Grundausstattung der vier schwulen Wände ist, so unendlich vielfältig ist die Ausformung im Detail. Schwule investieren nicht nur ein Vermögen, sondern auch Jahre des Sammelns und Suchens nach außergewöhnlichen Deko-Objekten, seltenen antiken Möbeln oder pflegeleichten Vorhangstoffen. Besonders reich sind die Entfaltungsmöglichkeiten in den verschiedenen Stilrichtungen, die allgemein unter *Tuntenbarock* subsummiert werden. Diese Mischung aus venezianischem Knabenbordell und Konsumgütermesse ist zwar bei der ganz jungen Generation etwas aus der Mode geraten, wird aber noch praktiziert. Besondere Kennzeichen: dunkel gehaltene Wände und dramatische Stoffdraperien, viel Nippes und falsches Gold.

> Achten Sie auf die Goldkante!
>
> *Gardinenpredigt von Marianne Koch*

Caravaggio-Kopien in pseudobarocken Bilderrahmen, die unvermeidliche *David*-Miniatur, Spitzen und Rüschen und Borten und Troddeln allüberall. Große Auswahl an unbrauchbaren Gerätschaften aus hochglanzpoliertem Messing. Kaffeeservice für zwölf Personen mit floralem Muster (*Villeroy & Boch*). Schwere Eichenmöbel und klobige Polstergarnitur. Das Plüschsofa wird gekrönt von einer fetten, weißen Perserkatze. Schleiflack-Schlafzimmergarnitur mit mindestens fünftürigem Kleiderschrank. Unordentliche (wenn nicht sogar versyphte) Küche.

Mit der *New Wave* Anfang der 80er Jahre wurde rasch ein neuer Stil populär, der vor allem durch Kargheit besticht. Von den kahlen, weißen Wänden und der nackten Neonröhre hat sich dieser Minimalismus zwar inzwischen weit weg bewegt (mindestens Rauhfaser und Halogen-Spots müssen's heute schon sein), aber er bleibt betont schlicht: Pro Raum werden maximal drei Möbelstücke effektvoll arrangiert, z.B. ein Bett (Futon), ein Tablett (Art déco) und ein Fernseher (*Loewe*). Oder ein megateures Sofa (*Rolf Benz* bzw. *Ligne Roset*), ein Bildband (*Bauhaus-Design*) und eine Stereoanlage (*Bang & Olufsen*). Unter Umständen wird auch noch eine gläserne Bodenvase mit einzelnem, bizarr verwachsenem Zweig geduldet. Oder eine Kokospalme. Und irgendwo ist ein riesiger Wandschrank verborgen, in dem sich der ganze übrige Krempel quetscht. Ganz so minimalistisch sind die täglichen Ansprüche ja nun auch wieder nicht...

Auch die *Wellness*-Bewegung hat schwule Innenarchitektur inspiriert. Dabei ist es gar nicht einfach, ein halbes Dutzend klobiger, potthäßlicher Fitneßgeräte in ein harmonisches Ambiente einzubetten. Das Rezept des *Bodyconscious Style* heißt „Multifunktionalität": Die Hantelbank dient auch als Ablage für mehrere Sätze gebrauchter Trainingswäsche, die Hanteln selbst als Briefbeschwerer oder Türstopper, von der Reckstange baumeln frisch gebügelte Sweatshirts. An den Wänden prangen Aufwärm- und Stretching-Tips (*AOK* oder *Fit for fun*). Ganze Berge von Obst und Gemüse fungieren als Küchendekoration, außerdem frisches Basilikum und ein Potpourri der besten Olivenöle. Dazu Pasta aller Art, drei Liter Magermilch und eine Vorratspackung Eiweißpulver sowie ein breites Sortiment von Vitamin- und Mineraltabletten. Acht nebeneinander aufgereihte Paar Turnschuhe verstänkern den Flur.

Die vielleicht eindrucksvollsten schwulen Interieurs entstehen, wenn ein Schwuler sich konsequent einer bestimmten Epoche geweiht hat. Da gibt es lupenreines Nierentisch-Ambiente von der Tütenlampe bis hin zum klobigen, stromfressenden *Bauknecht*-Kühlschrank Baujahr 1955. Oder stilechtes Art déco, das auch vor Klodeckel und Badezimmerkachel nicht haltmacht. Was immer es ist: Der Schwule wird es perfektionieren!

Gutes muß nicht teuer sein:
Schick einrichten ohne Geld

Dem kleineren Geldbeutel geht beim schwulen *Interior design* schon mal die Puste aus. Eine preiswerte Alternative zum Luxus aus dem Laden ist Zauberhaftes aus zweiter Hand. Stichwort Trödel. Doch nicht erst seit die Preise auf den Flohmärkten vielerorts das Niveau führender Antiquitätengeschäfte erreicht haben, sind vor allem Gratismöbel von der wilden Müllkippe angesagt. Handwerklich begabte Großstadt-Homos können sich ohne Probleme vom Straßenrand einrichten. Das ist gut für Portemonnaie und Umwelt und vermittelt obendrein das tolle Gefühl, dem Ausgestoßenen ein neues Leben verschafft zu haben. Mein Mann und ich z. B. konnten folgendes erbeuten:

Jäger und Sammler in der Großstadt: schöner Wohnen ohne Geld!

▷ einen 50er-Jahre-Sessel

▷ einen dazu passenden nierenförmigem Beistelltisch

▷ ein original-verglastes Fabrikfenster von 1865 (für die Durchreiche)

▷ zwei antike Eßzimmerstühle, davon einer echt Jugendstil

▷ vier Küchenstühle, ca. 1940

▷ einen großen Spiegel (vormals Schranktür) fürs Bett

▷ diverse Blumentöpfe und -kästen (leer)

▷ einen Blumentopf mitsamt gigantischem Ficus Benjamini (der aus Dank für seine Rettung immer größer wird)

▷ ein Futon-Gestell

▷ zwei Jalousien aus schwarzem Aluminium

▷ einen völlig intakten, sechsflammigen Messing-Kronleuchter von 1930, der im Antiquitätenladen um die Ecke ungefähr 800 Mark kosten würde. Wir haben ihn mit einem Materialeinsatz von 35,80 Mark (inklusive Glühbirnen!) komplett neu aufpoliert und bedanken uns hiermit herzlichst bei den Spendern!

Wenn es nun aber unbedingt neue Sachen sein müssen, kann nur das homosexuelle Netzwerk helfen: unglaublich, aber wahr. Viele Designer, Innenarchitekten und Wohnaccessoire-Händler sind schwul! Wahrscheinlich kennst du selbst einige „vom Sehen" oder hast sie sogar schon „hautnah erlebt". Mach was draus! Ob es nun eine kostenlose Styling-Beratung ist oder ein massiver Rabatt auf hochwertige Polstermöbel, jede noch so kleine Spende hilft. Die vielen Accessoires läßt man sich sowieso zum Geburtstag schenken. Sorge nur dafür, daß deine Freunde stets genau wissen, was du *wirklich* brauchst! Und falls es für die ganz großen Anschaffungen nötig sein sollte, mit jemandem zu schlafen ... was soll's? Du würdest es doch sowieso tun. Oder?

Abgeschminkt
Zehn Tips zur Not-Entschwulung

Alarmstufe rot: Mutter kommt zu Besuch! Sie weiß zwar längst, daß ihr Sohn „anders" ist, aber in hoher Dosierung erträgt sie es nicht. Wozu der armen Frau unnötige Seelenpein bereiten, die sie dir garantiert doppelt und dreifach heimzahlt? Die Wohnung muß also not-entschwult werden. Was in Jahren liebevoller Kleinarbeit zum glitzernden Aushängeschild der schwulen Persönlichkeit aufgestylt wurde, soll über Nacht in tristem Hetenmief versinken. Da wird in der Hektik leicht die nötige Sorgfalt vergessen. Oder du hast längst den Blick dafür verloren, was außerhalb des schwulen Paradieses als „verräterische Spur" gilt. Zur Sicherheit hier eine kleine Checkliste:

Weg mit sämtlichen Pornos, ob Magazin, Bildband oder Videokassette. Achtung: „Porno" fängt diesmal schon bei den Nippeln

1

an. Also nicht nur den *Hunk* vom Kaffeetisch, sondern auch die *Ritts'*, *Webers* und *Mapplethorpes* aus dem Regal entfernen! Sachbücher wie *Die Freuden der Schwulen* oder den Rubbel-Ratgeber *Selbst ist der Mann* ebenso. Die *Cadinot*- und *California Boys*-Videokollektion am besten irgendwo vergraben. Keine Kassette versehentlich im Rekorder zurücklassen — sonst sieht sie womöglich die *Giganten* mit Jeff Stryker statt Liz Taylor.

2 Den Anrufbeantworter abschalten; zuvor alle noch gespeicherten Gespräche löschen. Natürlich wäre es höchst interessant, zu sehen, wie sie auf die neuesten Nachrichten aus deinem Bekanntenkreis reagiert. Aber du bist gegen das Risiko solcher Experimente nicht versichert!

3 Aktion kahle Wand: Entferne mindestens drei Viertel aller Fotos von dir selbst (schließlich bist du sowieso nicht eitel) und sämtliche Fotos von dir mit deinen diversen Lovern. Poster, Kunstdrucke und Gemälde sind okay, sofern sie keine erkennbare Darstellung irgendwelcher Männer beinhalten. Da bleibt nicht viel. Verräterische Staubränder auf der Tapete lassen sich übrigens mit frischem Weißbrot wie mit Radiergummi entfernen.

4 Die gesammelten Urlaubsgrüße am Kühlschrank sind eine besonders heimtückische Gefahr: Nicht nur die *Surf Boys*-Karte von Ulf, sondern auch auch der Eiffelturm von Peter hat es in sich. Weil auf der Rückseite vor allem die Sehenswürdigkeiten eines gewissen Philippe in aller Ausführlichkeit geschildert werden.

5 Kühlschrank, die zweite: Wohin mit der Poppersflasche? Jedenfalls raus aus der Gemüseschublade. Auch das „ewige Eis" im Gefrierfach wäre kein sicheres Versteck — sie könnte es abtauen!

Was zwischen Bad und Boudoir an Toilettenartikeln ausgebreitet ist, möglichst komplett entsorgen. Nur Kernseife, *No-Name*-Rasierschaum und ein möglichst piefiges Aftershave sind unverdächtig. Ihren Unmut erregen vor allem Falten- oder Enthaarungscremes, Mascara, Kajal, *Eternity*, Selbstbräuner, Nagellack und Haartönung (auch *for men*)!

6

Die Fitneßgeräte können bleiben. Die Fitneßmagazine nicht. Die *for men* schon gar nicht.

7

Weitere beliebte Stolpersteine: Die Pumps im Schuhregal. Die Tina-Turner-Perücke oder der Harness am Garderobenhaken. Der Schwanzring in der Geschirrspülmaschine. Die Küchenrolle am Bett (mit oder ohne Präser und Gleitcreme-Tube). Der Panoramaspiegel am Bett. Überhaupt zu viele Spiegel, egal wo. Der *Playgirl*-Kalender auf dem Klo. Die Wasserpfeife in der Wohnzimmervitrine. Der Dildo in der Wohnzimmervitrine. Der Dildo im letzten Winkel des Hängebodens, unter Bergen alter Zeitschriften versteckt. Mütter können grausam sein!

8

Wenn du sowieso schon die halbe Wohnung ausräumst, solltest du gleich auch mal alles gründlich putzen. Sonst wird *sie* es nämlich tun – und dabei in jede Ecke kriechen!

9

Abschließend auf den kahlen Flächen all die Untersetzer, Häkelkissen und Blumenübertöpfe verteilen, mit denen Mutter dich im Lauf der Jahre so reich beschenkt hat. Sie wird sowieso nach dem Verbleib fragen. Oder suchen.

10

Wieland Speck

„Alles klar: Westler" ... aber die Reduktion auf diesen Low-Budget-Geniestreich wird dem Theaterwissenschaftler und Cineasten in keiner Weise gerecht. Zu vielfältig ist sein Schaffen, bei dem das homosexuelle Element immer wieder deutlich hervortritt. Er machte Karriere, wurde Leiter der Sektion *Panorama* im Rahmen der Berliner Filmfestspiele. So kann Speck den schwul-lesbischen Filmpreis *Gay Teddy*, den er zusammen mit seinem Vorgänger Manfred Salzgeber ins Leben rief, erfolgreich fortführen: Was als improvisierte Aktion begann, hat sich zu einem Motor schwulen Filmschaffens entwickelt – ein Sprungbrett in die Kinos, dem mancher Regisseur internationale Anerkennung, auch von heterosexueller Seite, verdankt.

She works hard
for her money

Schwul im Job

▷ Offen schwul am Arbeitsplatz? Eine heikle Sache, leider immer noch. Die Empfehlung, konsequent in allen Lebensbereichen offen schwul aufzutreten, muß hier mit einer Warnung verbunden werden: Es könnte dir schaden! Dieser Schaden kann alles mögliche sein zwischen lästigem Kollegentratsch hinter deinem Rücken und totalem Karrierestillstand.

> Im Job gibt es ein „gläsernes Dach", das Schwule bremst. Du kommst zwar hoch, aber nicht ganz nach oben.
>
> *Rudolf Wagner (geb. 1943),*
> *Werbeberater bei Hoechst, Frankfurt/Main*

Das muß nicht so sein. Es gibt unzählige Betriebe und ganze Branchen, in denen Schwule keinerlei Nachteile gegenüber ihren bekennend heterosexuellen Kolleg-Innen haben. Es gibt auch nicht wenige rein schwule Unternehmen und sogar schwule Unternehmerverbände. Was nicht bedeuten soll, daß das Arbeitsklima in rein schwulen Betrieben unbedingt gut ist. In einem Hetenladen kann es angenehmer sein.

Es kommt darauf an, mit welchen Leuten du zusammenarbeitest. Faustregel: Je jünger und gebildeter sie sind, desto besser. Noch 'ne Faustregel: In einem Großstadtbüro werden Schwule weit weniger mit Machogetue konfrontiert als in einem ländlichen Handwerksbetrieb.

Nicht wenige Schwule machen Karriere. Aber bis ganz nach oben kommen sie meist nicht.

Schwule sind jederzeit verfügbar.

Viele Heten können sich auch gar nicht vorstellen, daß ein Schwuler schwere körperliche Arbeit leistet. Okay, manche Schwulen können sich das ebensowenig vorstellen. Aber viele tun es.

Wie dein Schwulsein sich auf den Job auswirkt, hängt vor allem von dir ab. Wer sich zum Lamm macht, den fressen die Wölfe, sagt der Volksmund. Das gilt für jeden, aber für Schwule ganz besonders. Selbstbewußtes Auftreten, womöglich auch ein dickes Fell, wirst du schon brauchen. Besser arbeiten als die meisten Heten können wir Schwulen sowieso.

Viele von uns jedenfalls. Die hängen sich wirklich rein. Und sind außerdem besonders mobil, unbelastet von Familienstreß, jederzeit verfügbar, überdurchschnittlich gebildet ... beste Voraussetzungen für einen Karriere-Senkrechtstart. Was treibt Schwule zu beruflichen Höchstleistungen? Die Sozialwissenschaft ist sich einig: reines Kompensationsverhalten. Lassen wir uns das bieten?

> Wer eine gute Position hat, sich Prestigegüter leistet, kann erwarten, respektvoll behandelt zu werden.
>
> *Martin Dannecker, Sexualforscher*

Vielleicht macht uns der Job einfach Spaß. Weil wir ihn bewußt ausgesucht haben. Weil wir gerne etwas leisten. Selbstverwirklichung – und ein kleines bißchen Kind-Ersatz. Die meisten Menschen verspüren den Drang, der Welt irgendwas Bleibendes zu hinterlassen. Mit der Zeugung von Nachwuchs ist das für die Mehrzahl einigermaßen befriedigend geregelt. Der Nachwuchs muß dann nur seinerseits ... du weißt schon, das mit dem Enkelkind.

Die wenigsten von uns Schwulen zeugen Kinder, weshalb wir nicht nur Streß mit enttäuschten Möchtegern-Großeltern erleiden, sondern auch den „Vermächtnistrieb" anderweitig befriedigen müssen. Und die Zeit dazu haben. Das Schaffen im wahrsten Wortsinne, das Aufbauen und Gestalten, ist wohl auch deshalb so sehr unser Ding.

> Der Job ist mein Baby.
> *Dieter Wagner (geb. 1966),*
> *schwuler Unternehmer, München*

Leistung ist allerdings nicht die einzige Methode, es im Beruf zu etwas zu bringen. Nicht mal eine Garantie. Die richtigen Verbindungen muß man außerdem haben – oder auch statt dessen. Als Meister des *Networking* sind wir Schwulen da wiederum begünstigt. Jedenfalls solange unser berufliches Umfeld schwul genug ist. Einige zimmern sich ihre Karriereleiter sogar aus Bettpfosten zusammen... da haben's Heteromänner schwerer. Selbst schuld, wer hat denn die patriarchalen Strukturen geschaffen?

Übrigens: Gerade Schwule an „explizit schwulen Arbeitsplätzen" oder mit „wichtiger Funktion in der Szene" können auch die übelsten Schlusen sein. Motto: „Ich bin schwul und sehe toll aus, das reicht doch wohl!" Wer hat nicht schon geflucht, wenn die Tresenschlampe sich stundenlang mit ihrer Mischpoke beschäftigt, statt durstige *zahlende* Gäste zu bedienen? Wenn das knackige Bübchen an der Garderobe zu dumm ist, eine Jacke aufzuhängen? Oder der Buchhalter nicht weiter rechnen kann als 69 – mehr hat sein Chef nie von ihm verlangt?

> Dreck ins Gesicht zu bekommen gehört zum Erfolg.
> *Karl Lagerfeld*

Mein wunderbarer Waschsalon
Wo Schwule gerne arbeiten. Und warum

Wir sind kreativ. Wir haben Gefühl. Wir sind opferbereit (na ja). Viele schwule Talente und Fähigkeiten machen uns zur perfekten Besetzung für bestimmte Berufe. Auch deshalb sind manche Branchen auffallend dicht von Schwulen bevölkert, andere kaum. Es zieht uns eben mehr auf die Bretter, die die Welt bedeuten, als in die holzverarbeitende Industrie:

> Was die machen, ist mir egal, solange ich keinem von denen im Politbüro begegnen muß.
> *Erich Honnecker, Oberbonze und heimlicher Liebhaber von*
> *heterosexuellen Hardcore-Pornos*

▷ Künstler / Designer

Phantasien ausleben, eine eigene Welt erschaffen voller Chic, Anmut, Glanz (und Witz!) ... der Künstler und Designer steckt in fast jedem Schwulen. Oft ist es nur ein Mangel an handwerklichem Geschick, das fehlende Umfeld (bei Provinzschwestern) oder die Angst vor der „brotlosen Kunst", die uns andere Karrierewege gehen läßt.

▷ Friseur

Noch vor dem Ballett ist dies der schwule Klischeeberuf an sich. Nicht ganz zu Unrecht: Welcher andere Mann würde den lieben langen Tag in fremden Haaren wühlen, um aus Spliß und Schuppen Schönheit zu erschaffen? Die Bezahlung ist mies, man lebt vor allem von den Trinkgeldern. Schöne junge Friseure sollten ihre Klientel daher in der schwulen Szene suchen; körperlich Reizlose verdienen am besten an älteren Damen.

▷ Tänzer / Schauspieler

Die Lust am eigenen Körper (und vielleicht eine *klitzekleine* exhibitionistische Ader) kann in diesem Metier hemmungslos ausgetobt werden. Mit etwas Glück sogar gegen Bezahlung: Nicht unbedingt bei den Gagen, aber ganz sicher in der Arbeitslosenstatistik, nehmen diese Berufe eine Spitzenstellung ein. In Hollywood sagt man deswegen auch *actor/model/waiter"*. Sprich: Statt tragender Rollen gibt's meist nur schwere Tabletts zu schleppen. Ob das englische Wort für „Kellner" vom Warten auf ein Engagement abgeleitet ist?

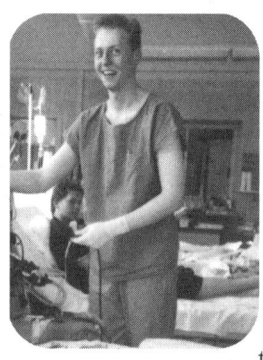

▷ Krankenpfleger

Ein aufopferungsvoller Beruf. Das Richtige für Masos und Männer mit einem großen Herzen: Krankenhäuser garantieren ihren Mitarbeitern schlechte Bezahlung, zermürbende Dienstpläne mit Schichtarbeit, Bereitschaftsdienst und unbezahlten Überstunden, dazu Dauerstreß und Frust-Erlebnisse nach Belieben: Es sind immer die netten Patienten, die als erste den Löffel abgeben. Die Ekelpakete werden als geheilt entlassen – nachdem sie nochmal gründlich ihr Krankenzimmer vollgekotzt haben.

▷ Verkäufer

Was unterscheidet diesen Beruf wirklich von dem des Krankenpflegers? Regelmäßige Arbeitszeiten und Kunden, deren Bosheiten nicht durch verspätetes Ausleeren der Bettpfanne bestraft werden können! Doch lockt die Aussicht auf den alltäglichen Umgang mit schönen Dingen viele Schwule in diesen Beruf. Nicht zufällig wimmeln gerade Herrenmodegeschäfte, Juwelierläden und Luxus-Möbelhäuser von unseren Brüdern. Manche enden allerdings auch hinter der Käsetheke im Supermarkt.

▷ Flugbegleiter

Vom „Duft der weiten Welt" verführt, fallen unzählige Schwule auf die fliegenden Sklavenjobs herein. Wenn sie dann merken, daß zwischen zwei *Jetlags* wenig Zeit bleibt fürs Cruising in Caracas oder das Verhältnis in Fernost, ist es zu spät. Flugbegleiter haben nicht so angenehme Dienstpläne wie ein Verkäufer, nicht so durchsichtige Uniformhosen wie ein Krankenpfleger (und keine Bettpfannen), aber dafür jede Menge *Stand by*-Tickets.

▷ Berufsschwuler

Ein Schwuler, der tatsächlich keinerlei verwertbare Talente besitzt außer einem überdimensionalen Sendungsbewußtsein und einer großen Klappe, bastelt sich eben daraus einen Beruf. Als Funktionär einer grünen Partei oder Leiter eines Schwulenprojektes kann er durchaus Karriere machen. Er muß zwar gelegentlich die Pferde wechseln (Wahlen können verloren, Fördermittel gestrichen werden), wird aber erfahrungsgemäß immer wieder fest im (finanziell mehr oder weniger gut gepolsterten) Sattel sitzen. Man hat eben Beziehungen. Auf seinem staatlich subventionierten Egotrip verliert der Berufsschwule leider oft den eigentlichen Zweck seiner Aufgabe aus den Augen. Wenn das nicht so wäre, gäbe es z.B. viel weniger (aber effektivere) Aidsprojekte.

▷ Kellner / Barmann

„Wer nichts wird, wird Wirt", spottet die Binsenweisheit. Und wer es nicht mal zum Wirt bringt, muß für einen arbeiten. Aber mal ernsthaft: Kellner und Barkeeper sind qualifizierte Berufe, die hohes Können erfordern und unter Umständen eine Menge Geld einbringen. Leider beschäftigt die Gastronomie nur wenige echte Fachkräfte. Deshalb ist diese Branche vor allem für Alkoholiker ohne Berufsausbildung attraktiv. Im Gegensatz zum Flugbegleiter erhält der Kellner keine Freiflüge, dafür Trinkgeld. Und: Unliebsame Gäste können jederzeit rausgeworfen werden.

▷ Callboy / Stricher

Noch ein Weg, das Schwulsein zum Beruf zu machen. Der Job kann viel Geld einbringen, aber auch sehr viele Probleme. Es ist gar nicht so einfach, mehrmals täglich auf Kommando einen hochzukriegen. Den eigenen Willen, zumindest weitgehend, unterzuordnen. Verständnis und Zuneigung für wildfremde Männer aufzubringen — oder wenigstens gekonnt zu imitieren. Eine Lebensstellung ist die Prostitution sowieso nicht. Für die letzten 30, 40 Jahre bis zur Rente muß eine Zweitkarriere her. Nicht jeder homoerotische Streetworker macht sich das so recht klar, bevor er anschaffen geht.

Kollege kommt gleich
Liebe am Arbeitsplatz

Das vorweg: Liebe am Arbeitsplatz und Sex am Arbeitsplatz sind zwei verschiedene Dinge. Aber sind sie das nicht überall? Zum Sex am Arbeitsplatz jedenfalls nur diese kleine Anekdote: Ein Unternehmensberater und ein Verlagsangestellter waren frisch verliebt. Des Frühlings holder, belebender Blick brachte sie zusätzlich in Wallung. Und sie hatten eine Stunde Mittagspause. Der Unternehmensberater verließ punkt eins das Büro, bestieg sein Fahrrad und strampelte in Rekordzeit zum Verlagsgebäude. Sein Lover fuhr mit ihm in den Lagerkeller, wo sie sich zwischen Bücherstapeln der homosexuellen Unzucht hingaben. Punkt zwei betrat der Unternehmensberater wieder sein Büro. Etwas verschwitzt, ein wenig staubig, aber sehr, sehr gut gelaunt...

Gegen Sex am Arbeitsplatz ist wohl nichts einzuwenden. Nur erwischt zu werden wäre echt peinlich. Und es ist besser, wenn er, wie im geschilderten Fall, zwischen Männern abläuft, die sich nicht ständig in der Firma begegnen. Für die Liebe gilt das erst recht. Deshalb sollte man sich unter keinen Umständen in einen Arbeitskollegen verlieben – oder aber die Firma wechseln, wenn's gefunkt hat. Geht die Sache nämlich schief, hast du montags bis freitags von neun bis fünf deine Beziehungsprobleme vor der Nase sitzen.

Noch bedenklicher ist die beliebte Praxis, außerhalb angelachte Fickverhältnisse in die Firma einzuschleusen. Schon so mancher schwule Unternehmer ging pleite, weil seine Günstlinge allesamt totale Nieten waren – außer vielleicht im Bett. Wenn die Firma nicht dir gehört, ist das nur noch ein Grund mehr zur Vorsicht: Was immer dein Spezi vergeigt, *dir* wird man die Schuld geben!

> In der Firma wissen alle, daß wir zusammen sind. Probleme gab's deshalb nie.
> *Joachim Kreutner, Personalleiter, über seinen Kollegen Christoph Ewers bei der Fast Multimedia AG*

Selbst wenn wider Erwarten keines dieser Probleme auftritt, kann es Ärger geben. Weil z.B. der Job zu sehr in die Beziehung durchschlägt. Das Privatleben verkommt zur Fortsetzung des Arbeitstages mit anderen Mitteln. Wie ist es also, wenn ein Schwuler mit seinem festen Partner beruflich eng zusammenarbeitet? Solange ihre Beziehung harmonisch ist, voller gegenseitigem Vertrauen und Respekt, und beide wissen, was „Abschalten" heißt, wird es großartig sein. Andernfalls katastrophal.

Eine letzte Warnung: Nicht jeder erträgt es langfristig, seinen Liebsten fast ununterbrochen auf der Pelle zu haben. Das ist keine Schande. Nur ein weiteres Argument gegen Liebe am Arbeitsplatz.

Steuerklasse Eins-Null
Zehn Anzeichen, daß der neue Kollege schwul ist

Ein vertrautes Bild: Der Neue tritt seine Stelle an, gutaussehend und charmant. Die weibliche Belegschaft hat nur noch ein Thema: ihn. Ist er verheiratet? Hat er eine Freundin? Natürlich darf sich jede Frau um einen attraktiven Mann bemühen. Bevor sie sich jedoch einen überflüssigen Korb einhandelt, sollte frau folgende Checkliste durchgehen:

▷ 1. Er wohnt in der Innenstadt.

▷ 2. Er ist über dreißig, trägt aber weder Ehering noch Bierbauch.

▷ 3. Er benutzt teures Parfüm, das tatsächlich zu ihm paßt.

▷ 4. Er hat sein Büro mit Kunstdrucken geschmückt.

▷ 5. Er wird sehr häufig von Männern, aber extrem selten von Frauen angerufen.

▷ 6. Am Wochenende ist er immer „mit Freunden unterwegs". Nähere Auskünfte verweigert er hartnäckig.

▷ 7. Er macht seinen Kolleginnen Komplimente für ihre Garderobe.

▷ 8. Seine eigene Garderobe verdient ebenfalls ein Kompliment.

▷ 9. Er geht nicht mit den Kollegen kegeln, hat aber ein Abonnement für die Oper.

▷ 10. Er arbeitet mehr und besser als die meisten anderen.

„Andersrum" verpflichtet
Die Entwicklung einer schwulen Marktwirtschaft

Schwule Unternehmer hat es schon immer gegeben. Auch
schwule Kneipen sind keine Erfindung des 20. Jahrhunderts.
Aber eine regelrechte „schwule Marktwirtschaft" konnte sich
erst nach 1969 entwickeln. Stonewall gab den Anstoß: Immer
mehr Schwule wurden öffentlich, und mit ihnen ihr gesamter
Lebenswandel. Früher heimlich unter irgendwelchen Laden-
tischen (wenn überhaupt) befriedigte Bedürfnisse avancierten
zur selbstbewußt formulierten Nachfrage. Als erstes schossen

Auch die „normale" Marktwirtschaft weist erhebliche Verschwulungstendenzen auf!

Eine Marktlücke entdeckt: Schwule Telefone

neue schwule Bars und Discos aus dem Boden, wie Pilze nach einem warmen Regen. Schwule Sexshops folgten auf dem Fuße. Bis zum ersten schwulen Buchladen hat es dann etwas länger gedauert. Und noch länger, bis aus schwulen Buchhändlern schwule Verleger wurden. Heute machen sie Millionenumsätze. Gleichzeitig nutzten immer mehr Schwule die Chance, ihre Arbeitswelt frei von Hetenmief und Schwulenfeindlichkeit zu gestalten.

Daraufhin legte die schwule Marktwirtschaft erst richtig los: Schwule Reisebüros vermarkten die Pauschalangebote schwuler Reiseveranstalter, um ihre schwulen Kunden zu schwulen Urlaubszielen zu karren. Dort wohnen sie in schwulen Hotels, senden schwule Ansichtskarten aus schwulen Souvenirshops an ihre schwulen Freunde und bringen sich aus schwulen Boutiquen schwule Mode von schwulen Designern mit nach Hause. Sollten sie auf dem Rückflug abstürzen, organisiert ein schwules Beerdigungsinstitut die Bestattung – inklusive Designersarg. Von der Lebensversicherung (bei einer schwulen Agentur abgeschlossen) kauft sich der schwule Erbe dann vielleicht in ein schwules Wohnprojekt ein, das von einer schwulen Baugenossenschaft hochgezogen wird. Über Satellit kann er dort schwule Programme von schwulen Sendern anschauen. Nur um den Satelliten in seine Umlaufbahn zu bringen, war vorläufig noch die Hilfe eines Hetero-Unternehmens erforderlich. Aber auch das ist bloß noch eine Frage der Zeit!

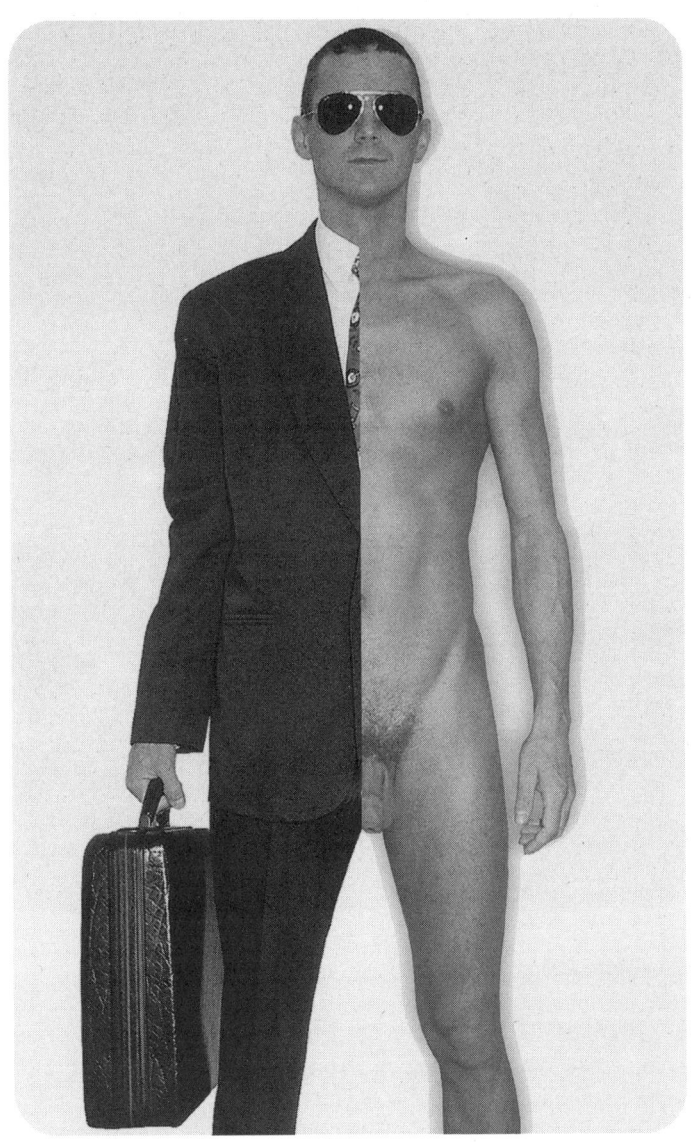

Der moderne Schwule steht immer mit einem Bein auf der Karriereleiter – und mit dem anderen im Lotterbett.

Georgette Dee

Ihre atemberaubende (hust, hust ...) Karriere baut zwar nur in geringem Maße auf Sexsymbol-Qualitäten auf – doch wie so viele „stille Wasser" ist auch Georgette, wenn's um die Erotik geht, ein wahrer Abgrund an Leidenschaft. Oder, wie sie selbst es einmal formulierte: „Ich denke meistens nur ans Ficken. (...) Meine Hormone bestimmen doch viel von meinem Handeln. Ich beurteile die Männer erst einmal nach ihrem sexuellen Gebrauch."

Kinder, heut' abend, da such ich mir was aus

Männerfang

▷ Der Jagdtrieb, ein Urinstinkt des Mannes: Mr. Steinzeit mußte seine Familie mit Nahrung versorgen. Nahrung, das war vor allem Frischfleisch – und das läuft weg oder wehrt sich, wenn's ihm an den Kragen geht. Also hat die Natur den Mann schnell, stark und gierig gemacht. Dann entwickelte sich der Mann vom Jäger zum Bauern. Jetzt hatte er eine Menge nutzloses Adrenalin übrig. Das wird seither in Kriegen ausgetobt oder beim Kolonnenspringen auf der Autobahn.

Wir schwulen Männer sind in der Evolution deutlich weiter fortgeschritten. Nicht daß wir unsere Hormone besser unter Kontrolle hätten. Ach wo! Aber wir haben ihnen eine sinnvolle neue Stoßrichtung gegeben. Wir wollen nicht mehr er-, sondern nur noch flachlegen. Der Jagdvorgang als solcher folgt weiterhin urzeitlichen Mustern. Von Willen oder Treueschwüren unbeeinflußbar, späht unsere biologische Suchautomatik pausenlos nach kapitalen Hirschen.

> Jahrelang habe ich versucht, den Sinn des Lebens herauszufinden. Dann fiel es mir plötzlich ein. Der Sinn des Lebens ist Ficken. Wirklich. Mehr nicht. *Ernest Hemingway*

Das Beuteschema ist einfach. Grundsätzlich kommen zwei Gruppen in Frage: Alle schwulen Männer und alle schönen Männer. Die Mathematik nennt das folgerichtig *Vereinigungsmenge*. Aus dieser Menge fällt heraus, wer ganz offensichtlich nicht zu haben ist (eine Unmenge). Der Rest bildet dann die *Schnittmenge*.

Bevor wir unseren Schnitt machen, wird die Beute gedanklich schon mal in mundgerechte Happen zerlegt. Manchmal kühlt das Interesse dabei stark ab. Wenn nicht, gibt es zwei Möglichkeiten: Wir stellen eine Falle (mit uns selbst als Köder) und warten. Oder wir pirschen uns heran und schlagen dann blitzschnell zu.

Wir wollen alles erjagen, was uns vor die Flinte kommt. Wir teilen ungern, selbst im Überfluß. Mit einer Mischung aus Bewunderung und Neid betrachten wir Jäger, die scheinbar erfolgreicher sind als wir selbst – sogar dann, wenn wir ihre Beute weder wirklich haben wollen noch gebrauchen könnten. Es geht ums Prinzip. Das Gesetz des Stärkeren. Schöne Grüße aus dem Neandertal!

> Play it safe!
>
> *Dein Motto beim Sex. Jederzeit.*

Wo laufen sie denn?
Schwule Jagdreviere

In manchen Städten läuft fast überall was. Andere haben gerade mal eine einzige, winzige *Cruising area* im Stadtpark hinterm Hauptbahnhof. Noch schlimmer ist der Dorfschwule dran. Notdürftig versorgt er sich an abgelegenen Autobahn-Rastplätzen. Deshalb kostet Landläufigkeit viel Sprit. Cruising in der Großstadt ist bequemer:

Schneller Anschluß im Triebwagen der S-Bahn

▷ Busse und Bahnen

Nicht umsonst heißt es *öffentlicher Nahverkehr*. Ein ideales Revier. Im Minutentakt wird deine Beute frisch angeliefert. Du bist mit ihr auf engstem Raum. Sie kann frühestens an der nächsten Haltestelle entkommen. Ihr könnt euch im Gedränge heiß aneinanderreiben. Oder über die Sitzreihen hinweg flirten. Euch verabreden. Oder umsteigen.

▷ Schwimmbäder

Hier weiß man sofort, woran man ist. Eine Badehose sagt immer die Wahrheit. Das hat Vor- und Nachteile. Hübsch anzusehen, wenn die Athleten ihre Reize räkeln. Ein Trauerspiel, wenn die Gnome sich unter der Dusche wund rubbeln. Unkompliziert ist die Kontaktaufnahme; sie erfolgt direkt von Ständer zu Ständer.

Wenn im Stadtbad mal gar nichts läuft, kann man immer noch schwimmen.

▷ Klappen

Was dem Magen die Pommesbude, ist den Hoden die *öffentliche Bedürfnisanstalt.* Perfekt für den kleinen Hunger zwischendurch. Die Ansprüche sollten nicht zu hoch geschraubt werden. Merke: Eine Klappe betritt man, um dort etwas zu lassen. Nicht um von dort etwas mitzunehmen.

In dieser Entsorgungsstation lassen sich's manche auch besorgen.

Bei zuviel Training werden nur die Muskeln hart!

▷ Sportstudio

Manche Männer verbrauchen ihre gesamte Energie auf der Hantelbank. Da läuft nix. Andere trainieren nur, weil sie total in sich selbst verliebt sind. Da läuft auch nix. Und dann gibt's noch welche, die hierherkommen, weil sie es bitter nötig haben. Da läuft sowieso nix.

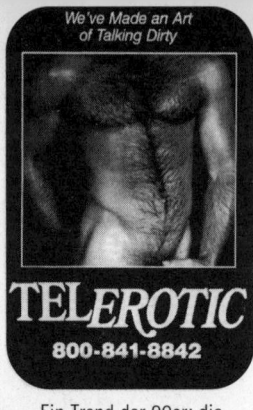

Ein Trend der 90er: die
digitale Wichsphantasie

▷ Kontaktanzeigen, Datelines, Internet & Co.

Die schwule Entsprechung zur Treibnetz-
fischerei hat einen Haken: Der Inhalt von
Kontaktanzeigen, egal ob per Zeitung oder
übers Telefonkabel, ist so wahr wie Reise-
prospekte und Wahlversprechen. Wundere
dich also nicht, wenn du statt blühender
Landschaften eine Trümmerwüste vorfin-
dest.

▷ Vereine

Auch wenn ich schon den
empörten Aufschrei von *SC
Janus* bis *MännerMinne* höre:
Kontaktanbahnung ist für viele
Schwule ein wesentlicher Anlaß
zur Vereinsmeierei. Es kommt
auf die Größe des Vereins an,
wie lange man sich damit „über
Wasser halten" kann – und auf
die Vielfalt der persönlichen

Sie treiben tatsächlich Sport ...

Begabungen: Ist der schwule Fußballclub abgegrast, geht's
eben dem schwulen Chor an die Klangkörper.

▷ Parks und andere Grünanlagen

Berlins beliebtestes Revier für die schwule
Großstadtwildjagd – die Löwenbrücke

Heiße Action in der
kühlen Brise – bei
gutem Wetter eine
prima Sache. Lästig sind
verirrte Spaziergänger
(kommen nachts selten
vor), freche Karnickel
(kommen nachts mas-
senhaft vor) und frische
Grasflecken (gehen
schlecht raus).

▷ Auf offener Straße

Eine Methode, die viel Geduld, gutes Schuhwerk (oder ein Fahrrad) und blitzschnelles Reaktionsvermögen erfordert. Dafür
bringt sie vielleicht die erstaunlichsten Ergebnisse zutage: Nicht
jeder Schwule verkehrt in der Subkultur. Aber jeder muß mal
aus dem Haus. Und da erwischt's ihn dann.

▷ Bars, Clubs, Discos, Partys

Entweder die Luft ist schlecht, oder man erkäl-
tet sich leicht in seinem neuen *Tank top.* Bei
manchen Läden nervt auch die Musik. Davon
abgesehen, bietet das organisierte Nightlife die
besten Möglichkeiten für eine erfolgreiche Jagd
auf jede Art von Beute. Halali!

Ein Treff mit Tradition

Beuteljahre einer Kaiserin
Die schwule Handtasche

Bevor es auf die Pirsch geht, bleibt eins zu klären: Wohin mit
dem Proviant? Das Fehlen angemessenen Stauraumes ist ein
ständiges Problem im schwulen Alltag und Nightlife. Mit dem
Siegeszug immer körperbetonterer Mode wurde die Situation
dramatisch verschärft. Der letzte Schrei hat keine Taschen.
Oder deren Benutzung verbietet sich aus ästhetischen Erwägungen von selbst. Wer würde die hart erarbeitete Idealkontur
seines Gesäßes mit einer Geldbörsenbeule verunstalten? Zwie-
spältig ist die im T-Shirt-Ärmel verstaute Kippenschachtel. Sie
betont zwar den Bizeps, leiert aber den Stoff aus.

Wohin also mit dem Lebensnotwendigen? Die in Hetenkrei-
sen beliebten Gürteltäschchen konnten sich bei uns nicht
durchsetzen – wahrscheinlich, weil sie fatal an einen „Falschen
Ausgang" erinnern. Als nutzloser Werbegag entpuppten sich
auch die hoch gelobten *Kangaroos.* Wenn wirklich so viel in
ihre *Pockets* ginge, hätten wir Schwulen die Dinger zum Ver-
kaufsschlager gemacht. Doch wir brauchen mehr als ein Depot
für Telefongroschen. Wir brauchen eine tragbare Rumpelkam-
mer. Aber eine, die möglichst nicht aufträgt.

Beast of Burden

Was ein Schwuler so alles mit sich herumschleppt

▷ Brieftasche mit Scheckkarte, Kreditkarte, Telefonkarte, Monatskarte und ca. 200 Gramm Visitenkarten von VIP-Bekannten (um sie im passenden Augenblick „zufällig" herausfallen zu lassen), außerdem Personalausweis, Mitgliedsausweis von Sportstudio und/oder -verein, Bibliotheks- (oder Videotheks-) ausweis, Hausausweis der Firma (man weiß ja nie, ob man vor der Arbeit noch zu Hause vorbeikommt). Vielleicht ist sogar Bargeld drin.

▷ Zwei komplette Sätze Schlüssel (Haus, Wohnung, Auto, Fahrrad, Briefkasten, Safe, Schreibtisch etc.): Der eigene und der eines momentan verreisten Freundes mit szenenahem Apartment.

▷ *Cruising pack* mit Kondomen und Gleitcreme.

▷ Ein Päckchen Papiertaschentücher.

▷ Diverse Schwanzringe in verschiedenen Größen und Materialien (Leder, Gummi, Kruppstahl).

▷ „Riechfläschchen".

▷ Ein halbes Dutzend *Flyer* von den wichtigsten Partys der nächsten Zeit.

▷ Notizblock und Stift (zum spontanen Austausch von Kochrezepten, Adressen oder Telefonnummern).

▷ Terminkalender oder *Electronic Organizer* („Gehirn in der Tasche").

▷ Trillerpfeife (als Alarm bei antischwulen Übergriffen. Leider nicht überflüssig).

▷ Reisezahnbürste, zumindest aber Mundspray, Kaugummi oder *Fisherman's Friends*.

▷ Lippenpflegestift.

▷ Bei Rauchern: Zigaretten und Feuerzeug.

▷ Bei Trinkern: Flachmann.

▷ Bei sonstigen Abhängigen: Pillendöschen, Brösel und Papers oder kleines Koksbesteck.

Wie kann Mann das viele Gerümpel einigermaßen geschickt verstauen? Praktisch ist die Lederjacke, das schwule Standard-Utensil. Wenn sie nur genug Taschen hat und nicht an der Garderobe abgegeben wird. Besser funktioniert ein gutmütiger (um nicht zu sagen dämlicher) Freund, der sich als Depot mißbrauchen läßt. Nennen wir ihn Horst. Horst kann die Lagerhaltung für eine ganze Gruppe übernehmen. Er tanzt und cruist nicht. Wie ein Flugzeugträger steht er an der Bar, immer wieder von seinen ausgeschwärmten Freunden angesteuert. Horst, gib Kippe. Horst, bestell Bier. Horst, halt das mal…

Ein Männlein steht im Walde
Plazierung und Posing

Im Dschungel der schwulen Subkultur hat sich, wie im echten Urwald, jedes Raubtier in irgendeiner Weise spezialisiert. Man könnte auch von der *Besetzung erotischer Nischen* sprechen.

Betrachten wir am Beispiel einer durchschnittlichen schwulen Bar die wichtigsten dieser Nischen: Wo sind sie? Wie werden sie besetzt? Und: Was kommt dabei heraus? Grundkurs Körpersprache, Teil drei:

▷ Der Macker
Levi's, Docs, T-Shirt, Lederjacke. Kopf leicht zur Seite geneigt, Kinn hoch, Arme verschränkt. Betont cool an die Wand gelümmelt. Abschätzender Rundumblick mit selbstzufrieden eingefrorenem Grinsen. Er weiß genau: Jeder hier will ihn haben – nein, *er sein*. In Wahrheit schreckt seine Arroganz viele Schwule heftigst ab. Besser nur in fremden Städten anwenden!

▷ Der Enttäuschte

Er sitzt schlechtgekleidet und zerknautscht in einer abgelegenen Ecke. Sein Gesichtsausdruck ist 70% Verzweiflung und 30% *Contenance*. Er hat gerade einen schweren Schicksalsschlag erlitten – Mann futsch, Job futsch, Katze futsch, Mutter Beimer schwer erkrankt, irgend sowas. Er ist verletzt. Leichte Beute auch für Kriechtiere. *Vor allem* für Kriechtiere.

▷ Die Dancing Queen

Siebzig Kilo Muskeln und Samenstränge in einem XXS-Strampelanzug. Das zuckt und hopst und wackelt mit der Kiste, das singt und kreischt und fuchtelt mit den Armen. Wo sie ist, ist die Tanzfläche – notfalls auch in der Schlange vor dem Klo. Sie kennt jeden beim Vornamen, aber niemanden wirklich. Mit ihr kommt niemals Langeweile auf die Party oder Tiefgang in eine Unterhaltung. Ein netter Happen für zwischendurch.

> You're a teaser, you turn them on; Leave 'em burning, and then you're gone ... *ABBA, aus „Dancing Queen"*

▷ Der Allzeit-Bereite

Er steht mal an der Klotür, mal am Ausgang, immer strategisch günstig. Er spreizt und plustert seinen lockenden Körper, streichelt sich versonnen über Nacken oder Nippel. Sein lasziver Blick könnte jedem im Raum gelten. Genau das tut er auch: Der Allzeit-Bereite treibt's, sooft er kann. Das hat Auswirkungen auf die Qualität seiner Beute – und seiner Darbietung.

▷ Der brave Junge

Kleidung, Haltung, Haarschnitt – alles an ihm ist ordentlich. Kein Look für Partys und Discos. Er steht fernab der Bar, weil er sowieso nicht trinkt, höchstens Cola oder Selter. Er raucht auch nicht. Er ist schrecklich clean und geht stets früh nach Hause (an schwulen Standards gemessen). Das war nicht immer so. Der brave Junge hat schon einiges hinter sich. Jetzt sucht er in aller Ruhe nach Frischfleisch. Da kann er den großen Bruder spielen.

▷ Der Schüchterne

Allein und in sich versunken, starrt er Löcher in den Fußboden am Ende der Bar. Niemals würde er fremde Männer ansprechen. So soll es aussehen. In Wahrheit ist er nicht schüchtern, sondern raffiniert. Die meisten Männer im Raum kennen ihn verdammt gut; nur deshalb schaut er nach unten. Seine Beute sind die Unwissenden und die Unbelehrbaren. Er ist kein Mann fürs Leben. Aber er hatte schon ein paar hundert davon.

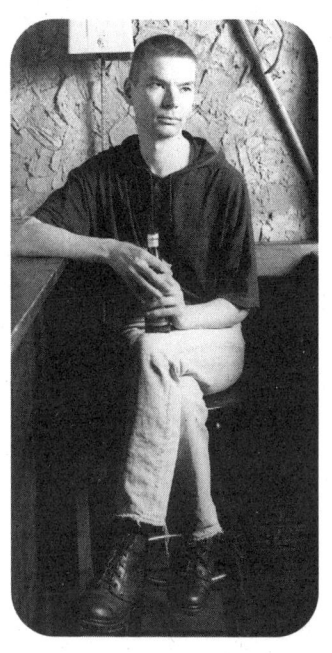

▷ Die Verstrahlte

Sie hängt an der Bar oder am Zigarettenautomaten, wenn sie nicht gerade suchend durch die Gänge torkelt. Der soeben mit zwei *Woodini* frisch aufgemischte Chemiecocktail in ihrem Leib hat sie jenseits von Eden gebeamt. Der Blick ist wirr, die Sprache ein kaum verständliches Gebrabbel. Ein Fressen für die Aasgeier.

▷ Graf Koks

Wie ein Leuchtturm steht er mitten im Raum. Die anderen Männer halten ehrfürchtig Abstand. Alles an ihm ist geschniegelt und gebügelt, sogar die Boxershorts. Mit gerümpfter Nase und hochgezogenen Augenbrauen beobachtet er die Kreti und Pleti zu seinen Füßen. Er sucht Geld (ausschließlich) und bietet dafür einen blasierten Langweiler. (Achtung: Diese Beschreibung gilt nicht für Hamburg. Da ist so was ganz normal!)

Meint der mich?
Zehn Zeichen, daß du das Objekt der Begierde bist

Vielleicht ist es ja nur Wunschdenken. Will der Typ irgendwas von dir? Oder warum folgt er seit dreißig Minuten jedem Schritt deines Großeinkaufs durch den Supermarkt – mit nichts als einer Packung Müsliriegel im Wagen?

Na klar, er will dir einen anbieten. Greif zu, bevor das Verfallsdatum abläuft. Und achte in Zukunft genauer auf die eindeutigen Signale:

♥ 1. Wann immer du trainierst, ist auch er im Sportstudio. Und er absolviert genau das gleiche Programm. Immer dicht hinter dir. Nimm dir viel Zeit fürs Duschen!

♥ 2. Der Flugbegleiter versorgt dich kostenlos mit Longdrinks und Champagner. *Happy landing!*

♥ 3. Jeden Morgen begegnest du ihm auf der Straße, und jedesmal sieht er dich so seltsam wissend an. Frag ihn, was er abends treibt.

♥ 4. Obwohl du seit Jahren bei ihm kaufst, mißt der Boutiquenbesitzer dich jedesmal komplett neu aus. Frag ihn nach Sonderangeboten.

♥ 5. Ein neuer Bekannter fragt dich, ob du mit irgend jemandem „gehst". Zu mir oder zu dir?

♥ 6. Im Kino legt er „versehentlich" seine Hand auf dein Knie. Ein kluger Kater würde jetzt schnurren.

♥ 7. Ein Freund fragt, ob du mit ihm in Urlaub fahren willst. Nur ihr beide. Wie wär's mit einer Probefahrt — jetzt sofort?!

♥ 8. Er ruft dich pausenlos an, sagt aber nie was. Hast du wirklich so eine lange Leitung?

♥ 9. Während du wie ein Derwisch tanzt, starrt er dich ununterbrochen an. Mach mal Pause!

♥ 10. Du fühlst dich verfolgt, und so ist es. Bleib stehen.

Drehen wir den Spieß um: Jetzt bist du selbst der Suchende. Er ist das Objekt der Begierde. Was tun? Wie bei jeder Kunst macht auch beim Cruising die Übung den Meister. Gehen wir in die Grundstellung:

METHODE 1 Lässige Gleichgültigkeit

Gespielte Gleichgültigkeit ist die mit Abstand beliebteste Technik. Vielleicht weil ein Mißerfolg tröstlich zum Mißverständnis umgedeutet werden kann. Der Trick ist einfach: Bloß nicht interessiert erscheinen! Aber immer wieder hingucken. Das treibt den Typen auf der anderen Seite zum Wahnsinn. Verzweifelt versucht er ein Lächeln zu erhaschen. Doch du siehst über ihn hinweg, durch ihn hindurch, um ihn herum. Um so mehr will er dich haben. Vorsicht, zuviel Gleichgültigkeit kann nach hinten losgehen. Ab und zu solltest du seiner hungrigen Seele einen kleinen Brocken deiner Gunst zuwerfen. Und irgendwann zur Sache kommen.

METHODE 2 Der bohrende Blick

Es ist ganz leicht. Mit einem Laserblick stellst du den Leitstrahl auf das Objekt ein. Dann läßt du nicht mehr locker. Wie die Zielautomatik eines Cruise-Missile (daher der Name). Wenn er nicht ziemlich schnell reagiert, ist er eine Niete. Doch wenn sich seine Augen in die deinen saugen, hast du bei ihm freie Auswahl.

METHODE 3 Frontalangriff

Es funktioniert tatsächlich. Nicht lange herumschleichen um den heißen Boy, sondern rangehn. Selbst dumme Sprüche werden gern genommen, wenn du dein Gegenüber damit überrumpelst. Eine Abfuhr kommt bei der Methode erstaunlich selten. Aber wenn, dann gleich besonders heftig. Deshalb ist der Frontalangriff keine Masche für Empfindsame – auf beiden Seiten der Front.

1

2

3

METHODE 4 Eins–zwei–drei–Drehung

Stell dir vor, du schlenderst gedankenverloren die Straße entlang, und plötzlich kommt dir der Mann deiner Träume entgegen. Jetzt heißt es: Cool bleiben und weitergehen! In dem Moment, in dem ihr aneinander vorbeilauft, mit dem Zählen anfangen. Eins-zwei-drei. Drehung auf vier. Wenn er kein Volltrottel ist und auch nur minimales Interesse hat, wird er sich genau im selben Moment ebenfalls umdrehen. Ab da wird nochmal gezählt und gedreht. Er auch? Viel Vergnügen!

Wär ich ein Buch zum Lesen ...
Kleinanzeigen, richtig interpretiert

Die Männersuche in der Szene kostet viel Zeit, Kraft und Geld, bringt aber oft nicht mehr als One-night-Stands, die regelmäßig mit einer Enttäuschung enden. Die Suche per Kleinanzeige ist billig, bequem und effektiv. Obendrein hat sie den Vorteil, daß die Enttäuschung gleich am Anfang kommt. Um letzteres zu verhindern, sollte Mann den Fachjargon beherrschen. Denn nirgends sonst wird die Wahrheit so geschickt verschleiert wie in den Kontaktanzeigen:

Wenn es heißt...

★ **Boy, 29** (jünger aussehend), unerfahren, 19x6, sportlich, kulturinteressiert, sucht erlebnishungrigen, männlichen M für mehr als nur das Eine. Schreib mit Bild (gar. zurück!) an Pf 900839 in 12345 Berlin

... dann kann das bedeuten:

BOY, 29 (JÜNGER AUSSEHEND)
Enddreißiger mit Peter Pan-Syndrom

UNERFAHREN
der vielleicht doch noch nicht alle Nummern kennt

19 x 6
mit ca. 14 cm langem Schwanz in Form einer fetten Leberwurst

SPORTLICH
geht oft ins Schwimmbad oder Fitneßstudio und lungert dort stundenlang unter der Dusche herum

KULTURINTERESSIERT
die Glotze läuft pausenlos, hat außerdem eine gigantische Sammlung von Pornovideos und -heften

SUCHT

ERLEBNISHUNGRIGEN
würde es skrupellos überall treiben und auch akrobatische Stellungen ausprobieren

MÄNNLICHEN M
unrasiert und ungehobelt, aber dominant im Bett

FÜR MEHR ALS NUR DAS EINE
ausschließlich für das Eine

SCHREIB MIT BILD
der Typ ist trotz allem wählerisch

(GAR. ZURÜCK)
sammelt nicht nur Wichsvorlagen, sondern auch Adressen

AN PF 900839...
braucht ständig Nachschub und ist bestens auf die Suche eingerichtet

Wenn es heißt...

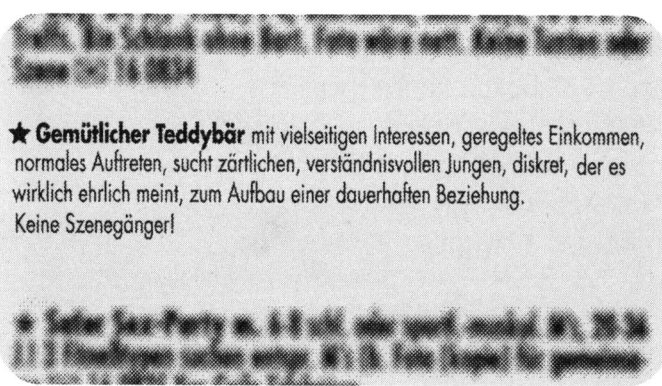

★ **Gemütlicher Teddybär** mit vielseitigen Interessen, geregeltes Einkommen, normales Auftreten, sucht zärtlichen, verständnisvollen Jungen, diskret, der es wirklich ehrlich meint, zum Aufbau einer dauerhaften Beziehung. Keine Szenegänger!

... dann kann das bedeuten:

GEMÜTLICHER
ein Langweiler

TEDDYBÄR
extrem übergewichtig und behaart wie ein Gorilla (außer auf dem Kopf!)

MIT VIELSEITIGEN INTERESSEN
keinerlei Interessen oder Hobbys

GEREGELTES EINKOMMEN
knapp bei Kasse, aber hoffnungslos festgefahrene Gewohnheiten

NORMALES AUFTRETEN
hat Angst, als Schwuler erkannt zu werden

SUCHT

ZÄRTLICHEN, VERSTÄNDNISVOLLEN JUNGEN
einen Minderjährigen, der ihn nach Strich und Faden verwöhnt, aber selbst keine Ansprüche stellt

DISKRET
der ihn nicht auf der Arbeit anruft

DER ES WIRKLICH EHRLICH MEINT
der sich alles gefallen läßt

ZUM AUFBAU EINER DAUERHAFTEN BEZIEHUNG
und blöd genug ist, nicht sofort wegzulaufen

KEINE SZENEGÄNGER
sicherheitshalber wird er in der Wohnung eingesperrt

Boy, 29, jünger aussehend, sucht ...
Kontaktanzeige, die in unveränderter Form etliche Jahre in einem Berliner Stadtmagazin erschienen ist

Wenn es heißt...

> ★ **Junger Mann,** erotisch gutgebaut, lustvoll, sehr temperamentvoll, sucht jungenhaften, lieben, treuen, zuverlässigen Freund mit Humor für alles, was zu zweit mehr Spaß macht.

...dann kann das bedeuten:

JUNGER MANN
Würstchen

EROTISCH GUTGEBAUT
häßlich, unmögliche Figur, aber großer Schwanz

LUSTVOLL
sexbesessen

SEHR TEMPERAMENTVOLL
launisch, brutal, rücksichtslos, mit einem Hang zu hysterischen Ausfällen

SUCHT

JUNGENHAFTEN
magersüchtigen

LIEBEN, TREUEN, ZUVERLÄSSIGEN FREUND
hirn- und willenlosen Sklaven

MIT HUMOR
an Beziehungsstreß der übelsten Sorte gewöhnt

FÜR ALLES, WAS ZU ZWEIT MEHR SPASS MACHT
der ihn aushält und ihm obendrein die Hausarbeit abnimmt

Kommst du öfter hierher?

Tausendmal gehört
Die abgedroschensten Anmachsprüche

...und passende Abfuhren. Na klar, wenn ein Mann aussieht wie ein junger Gott, muß er nicht reden können wie der olle Goethe. So lange wir aber noch unentschlossen sind, hören wir ganz gerne mal was Originelles. Die Sprüche können wir uns nicht aussuchen. Die Antworten schon:

Spruch: Sind wir uns nicht schon mal irgendwo begegnet?

Abfuhr: Ja doch, das war am 8. März '93, und du hast den selben öden Spruch abgelassen.

Spruch: Du gehst schon?

Abfuhr: Ja, hier sind nur völlig uninteressante Typen.

Spruch: Wohnst du hier in der Gegend?

Abfuhr: Ja. Mit zwei freßsüchtigen Katzen und einem eifersüchtigen Liebhaber.

Spruch: Dein Shirt gefällt mir.

Abfuhr: In *deiner* Größe wird das sicher nicht hergestellt.

Spruch: Na, so allein?

Abfuhr: Mein Freund ist nur kurz zur Tür gegangen – einen Typen rauswerfen, der mich blöd angequatscht hat.

Spruch: Mit deinem Aussehen solltest du Model werden!

Abfuhr: Das hat Calvin Klein gestern auch zu mir gesagt.

Spruch: Gehört das dir? (Er bückt sich und hebt die Mark auf, die er selbst diskret am Boden plaziert hat.)

Abfuhr: Oh, danke. (Du nimmst die Mark). Und tschüs!

Spruch: Bist du neu in der Stadt?

Abfuhr: *¿Habla usted Espar Stadt?* (Noch besser Ungarisch: *magyar öt beszél?*)

Spruch: Habe ich dich vielleicht im Fernsehen gesehen?

Abfuhr: Klar, bei *Aktenzeichen XY*.

Nie im Leben!
Was schwule Begierde im Keim erstickt

Liebe ist keine Einbahnstraße. Jeder Schwule sucht seinen Traumprinzen und ist nur bedingt zu Kompromissen bereit. Mehr oder weniger großen Kompromissen. Bei einer landesweiten Zufallsumfrage wurden folgende K.o.-Kriterien am häufigsten genannt:

1. **Er wirkt feminin.**
   (Keine Chance. Schwule wollen Sex mit Männern!)

2. **Er ist eingebildet.**
   (Wer die Nase zu weit hochreckt, dem bläst nichts als ein kalter Wind.)

3. **Er ist selbstverliebt.**
   (Auch wenn's schwer fällt: Ein klein wenig Interesse an seinen Mitmenschen muß man schon heucheln.)

4. **Er hat eine unmögliche Figur.**
   (Weniger fressen, mehr Sport!)

5. **Er ist behaart.**
   (Da sind die Geschmäcker doch sehr verschieden, vor allem, was die Brustbehaarung angeht. Gelockte Schultern- und Rückenpartien oder Büschel, die aus Ohr und Nase wuchern, gelten weithin als problematisch.)

6. **Er legt immer diesen Nuttendiesel auf.**
   (Schwule sollten, gegen die innere Überzeugung, nur sparsamen Gebrauch von Duftwässerchen machen. Ein Befragter schlug übrigens vor, die Herren Lagerfeld, Joop und Klein einzusperren.)

7. **Er hat keinen Humor.**
   (Eine Todsünde – maxima faux pas – in der schwulen Welt!)

8. **Er hat keinen Geschmack.**
   (Schwule sind zwar keineswegs oberflächlich, aber…)

9. **Er raucht.**
   (Manche schwulen Nichtraucher können den permanenten Kneipenmief und den Aschergeschmack nicht ertragen. Verständlich. Aber militante Nichtraucher sind auch nicht immer angenehm.)

10. **Er trinkt mit Strohhalm.**
    (Gott sei Dank eine Einzelmeinung.)

Der schon wieder!
Die Risiken übermäßiger Szenepräsenz

Wie herrlich ist es doch, in den gierig-bewundernden Blicken anderer Männer zu baden! Manche Schwulen können gar nicht genug davon kriegen. Jede freie Minute verbringen sie auf der Piste. Ihr Muskelshirt ist nur dazu da, vom Leib gerissen zu werden. Selbst bei den unpassendsten Gelegenheiten zeigen diese Typen, was sie haben. Und nehmen, was sie kriegen können. Bis die Szene sie satt hat.

Erste Anzeichen dieser Übersättigung sind müdes Grinsen, hastiges Enteilen und gehässige Kommentare. Höchste Zeit, die Stadt zu wechseln. Oder wenigstens mal ein Wochenende zu Hause zu bleiben. Sonst wird *Everybody's darling* schnell zum Flittchen. Selbst beim schönsten Typen sinkt der Marktwert ins Bodenlose, wenn er mit jedem Zweiten im Bett war. Die übrigen wollen ihn tatsächlich nicht mehr vernaschen. Oder nicht zugeben, daß ausgerechnet sie nicht längst das Vergnügen hatten.

Wo ich bin, ist immer oben
Aktiv oder passiv?

Es gibt Männer, die im Bett mit Begeisterung *alles* ausprobieren. Es gibt aber auch sexuelle Fundamentalisten, die wahrhaftig nur *eines* wollen. Wenn z.B. zwei eingeschworene Stuten versehentlich aneinander geraten, dürfte der gemeinsame Abend ziemlich mau werden. Besser man weiß schon vorher, was läuft. Nicht immer hilft ein *Hanky code*. Es gibt andere Hinweise:

 Passive tragen Hosen, die ihren Hintern gut zur Geltung bringen. *Aktive* sehen das sofort.

 Aktive betonen mit allen Mitteln (Suspensorium, Wattepolster, Hasenpfote, „Gürtelgriff") ihren Hosenlatz. Das sehen wiederum *Passive* sofort.

 Aktive essen Steak, Passive nehmen Salat.

▽ Passive haben Schwielen an Rücken und Ellbogen, Aktive an Händen und Knien.

▽ Du fragst einen Mann, was er im Bett macht. Er druckst herum oder sagt, er sei „flexibel". Wetten, der ist passiv! Wäre er aktiv, würde er das voller Stolz verkünden. Als wäre das eine besondere Ehre.

▽ Aktive haben immer superkurzgeschnittene Fingernägel.

▽ Er ist verrückt nach kerligen Typen? Höchstwahrscheinlich ist er passiv.

▽ Im Zweifelsfall gilt die Faustregel: Auf jeden Aktiven kommen zehn Passive.

Damen haben Vortritt
Kleiner Knigge für One-night-Stands

▷ 1. Sei nett zu seinen Mitbewohnern, ob Mann, Katze oder Goldfisch. Lobe die schöne Einrichtung, auch wenn du sie scheußlich findest. Falls ihr ein Paar werdet, kannst du seine Möbel zum Sperrmüll geben.

▷ 2. Falls er dir einen Drink oder *etwas anderes* anbietet, nimm nur davon, wenn er es auch tut – und du es verträgst.

▷ 3. Nach Anzeichen für einen festen Freund nur suchen, wenn dein Gespiele nicht im Raum ist. Entdeckst du dasselbe Gesicht auf mehreren Bildern? Dann solltest du diskret nachfragen, wer der Kerl ist. Und vor allem, *wo* er ist!

▷ 4. Falls das Neonlicht seiner Küchenlampe unliebsame Dinge enthüllt, die im Disco-Schummer noch verborgen blieben: Täusche einen Schwächeanfall vor und hau ab! Ein Drink verpflichtet dich zu nichts.

▷ 5. Bleibe nur dann über Nacht, wenn er dich dazu auffordert. Wenn er es eilig zu haben scheint, dich loszuwerden, zögere nicht. Vielleicht kommt gleich sein Lebensgefährte von der Spätschicht heim — ein extrem eifersüchtiger Sizilianer.

▷ 6. Falls er dir morgens Frühstück anbietet: Nimm nur an, wenn du ihn wiedersehen möchtest. Warum sollte er sich sonst für dich abrackern? Wenn er wirklich geil ist, lade ihn zum Brunch in ein Szenecafé ein. Deine Freunde werden platzen vor Neid!

▷ 7. Eine Dankeskarte wäre vielleicht übertrieben, aber ein kleiner Anruf darf es schon sein. Bloß nicht gleich am selben Tag — so nötig hast du's nicht, oder?

▷ 8. Wenn du ihm das nächste Mal begegnest, sag wenigstens „Hallo". Versuche auch, dich an seinen Namen zu erinnern.

▷ 9. Was immer du tust, vor allem verliebe dich nicht gleich. Es heißt nicht umsonst One-night-Stand!

Ende mit Schrecken
So wird man ungewollte One-night-Stands los

Jeder hat beim Abschleppen auch schon mal danebengegriffen. Meistens war die Beleuchtung zu schwach oder die Getränke zu stark. Kein Grund zur Selbstaufopferung. Auch wenn du dir die Suppe selbst eingebrockt hast — niemand kann dich zwingen, sie auszulöffeln. Statt dessen könntest du auch...

1.
...einfach ehrlich sein: „Tut mir leid, es war ein Irrtum."

2.
...ihm das Taxi nach Hause spendieren.

3.
...ihm erzählen, wie übel es im Knast ist und wie sehr du deinen Hafturlaub genießt.

4.
... vorausplanen: Benutze Namen und Adresse deines Ex-Lovers.

5.
...einen epileptischen Anfall simulieren.

6.
...seine Brieftasche aus dem Fenster werfen, hinter ihm die Tür verriegeln und die Polizei rufen.

7.
...ihn um ein wenig Geduld bitten, weil du erst noch das Bad putzen mußt.

8.
...vor seinen Augen eine ganze frische Knoblauchzehe essen.

9.
...einfach keinen hochkriegen.

Frühstück bei Tiffany's
Der richtige Platz für die erste Verabredung

Okay, die letzte Nacht war super. Der Typ ist total nett, und ihr hattet geilen Sex. Du weißt seinen Namen und seine Telefonnummer. Du willst ihn unbedingt wiedersehen. Jetzt nur keinen Fehler machen: Laß ihn mindestens einen Tag schmoren. Das macht dich interessanter. Wähle den Ort für das erste Treffen sorgfältig aus. Es kann der Beginn einer wunderbaren Freundschaft werden. Oder eine Katastrophe:

Wenn der heiße Dieter wieder glüht…

Abendessen im Restaurant: Nicht gerade originell, aber beliebt. Sorge für Gesprächsstoff, sonst wird's quälend. Wenn er dem Kellner mehr Aufmerksamkeit schenkt als dir, seile dich ab, bevor der Nachtisch kommt. Oder zumindest vorher die Rechnung!

Mittagspause bei McDonald's: Der Vorteil ist, ihr habt nur eine knappe Stunde. Dann ruft wieder die Arbeit. Du kannst ihn heiß machen und bis Feierabend in Ruhe überlegen, was du damit anfängst.

Kino: Eine gute Wahl. Ein Abend voller Spannung und Romantik: Wird er seine Hand auf dein Knie legen? Was passiert als nächstes? Falls du zwischendurch auch was vom Film mitbekommst, ist für anschließenden Gesprächsstoff gesorgt. Falls nicht, werdet ihr keinen brauchen.

Fitneßstudio: So ziemlich das Letzte: Keiner will sich eine Blöße geben, also werden Höchstleistungen gebracht. Anschließend seid ihr beide völlig erschöpft, womöglich auch frustriert. Und: Wie sollst du dich unter der Dusche verhalten?

Kurzurlaub: Das Allerletzte. Woher willst du wissen, ob ihr euch drei Tage hintereinander ertragen könnt? Was tun, wenn nicht? Ist es wirklich selbstverständlich, daß ihr im selben Bett schlaft? Wenn du es trotzdem riskieren willst, nimm eine Vorratspackung Kondome mit. Und ein gutes Buch.

Du sollst mein Glücksstern sein
Taugt er zum festen Freund?

Auch die erste Verabredung lief gut – und du bist hoffnungslos verliebt. Liebe macht blind. Erst die Ehe öffnet dann die Augen. Bevor ihr also eure Plünnen zusammenwerft, mache diesen Test:

ANLEITUNG

Beantworte die folgenden Fragen zu deinem Schwarm möglichst objektiv. Addiere die angegebenen Punkte bei allen mit „Ja" beantworteten Fragen.

1. Hat er in jeden Spiegel geschaut, der sich ihm bot?
   Ab und zu ein kleiner Kontrollblick ist für Schwule lebenswichtig. Wenn er mehr Zeit mit seiner Frisur als mit dir verbringt, ist das ein Problem.

   ☐ (5 Punkte)

2. Wenn ihr durch die Szene streift, scheint er jeden zu kennen?
   Er ist wohl ganz schön herumgekommen. Vielleicht hat er ja wirklich nur sehr viele Freunde. Wenn sie gut aussehen oder echt nett sind, ziehe 10 Punkte vom Endresultat ab.

   ☐ (5 Punkte)

3. Redet er pausenlos über sich?
   Dann weißt du ja bald mehr als genug über ihn. Und adios!

   ☐ (20 Punkte)

4. Hatte er im Restaurant seine Brieftasche vergessen?
   Böse. Es sei denn, du hast ihn eingeladen oder bist steinreich. Niemand „vergißt" wirklich seine Brieftasche.

   ☐ (10 Punkte)

5. Hat er öfter von seinem Ex-Freund gesprochen?
Holzauge, sei wachsam! Ist der „Ex" wirklich verflossen? Oder nur verreist?

☐ (15 Punkte)

6. Spricht er viel von seiner Mutter?
Du hast selbst eine Mutter. Prinz Charles hat eine. Und Norman Bates hatte auch eine.

☐ (15 Punkte)

7. Hat er angefangen, deine Freizeit für die nächsten Wochen zu verplanen?
Alarmstufe rot! Wenn es nicht Liebe auf den ersten Blick war, solltest du noch nicht für das Weihnachtsessen bei seiner Familie zusagen.

☐ (20 Punkte)

8. Wollte er unbedingt zu dir statt zu sich nach Hause gehen?
Was hat er zu verbergen? Den gesammelten Abwasch der letzten Monate? Einen Lover? Oder Frau und Kind?

☐ (20 Punkte)

AUSWERTUNG

Bis 30 Punkte: Weiter so, es könnte klappen.
31 bis 60 Punkte: Schwierig. Wenn er sich mühelos umerziehen läßt, vielleicht. Ansonsten Finger weg.
Über 61 Punkte: Sofort die Notbremse ziehen!

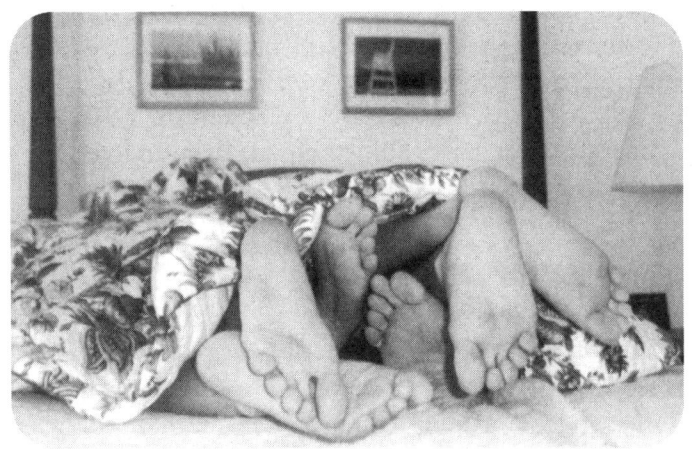

Schwul ist...	...und nicht
Der *Grand Prix Eurovision de la Chanson*	Der Große Preis von Deutschland in der Formel 1
Veuve Clicquot	Witwe Bolte
Zwei Tage Vorbereitung für ein großes Festmahl	*Maggi Fix* für Spaghetti Bolognese
Hairstyling	Hare Krishna
Kölle Aloah!	Määnz Helau!
Schnorcheln in Key West	Brutzeln in Playa de Palma
Rimbaud	Rambo·
Den Manfred flachlegen	Den Manta tieferlegen
Rangehen	„Ran" sehen
Perfekt!	pervers

Gert Sprenger und Michel Kahla

Als die beiden sich kennenlernten, klebte alle Welt Tapeten mit abstrakten Mustern in Orange und Grün an die Wände, trug arschlange, enganliegende Pullover aus Synetethik mit überbreiten Gürteln, und der Mann im Mond tat einen großen Sprung für die Menschheit: Gert Sprenger, Mitbegründer und Herausgeber der schwul-lesbischen Monatszeitung „First", hat in Michel Kahla wahrhaftig seinen Lebensgefährten getroffen – umgekehrt natürlich auch. Selbst wenn schon mal „die Fetzen fliegen", beweisen die beiden täglich neu: Schwule Liebe kann Jahrzehnte überdauern.

Auf ewig Dein

Die schwule Lebensgemeinschaft

▷ Einer Studie des Bundesfamilienministeriums zufolge lebten Mitte der 90er Jahre in Deutschland 60 % aller Schwulen in einer festen Beziehung. Die Definition der „festen Beziehung" ist dabei von Mann zu Mann verschieden: Für manche gilt alles, was über mehr als eine Woche geht, als feste Beziehung. Davon soll hier nicht die Rede sein. Konzentrieren wir uns auf das, was im Bürokratendeutsch „auf Dauer angelegte Beziehung" heißt. Bei Partys nennt man's *open end.*

> Warum soll ein Mann einen Mann heiraten? Aus Sicherheitsgründen!
> *Josephine und Daphne alias Tony Curtis und*
> *Jack Lemmon in „Manche mögen's heiß"*

„Mein Ideal auf dieser Welt, das ist für mich der kühne Held, der große, blonde Mann...", besang schon Zarah Leander ihren Traumprinzen. Bekommen hat sie allerdings einen gewissen Waldemar – weder stolz noch kühn, eher klein geraten und nicht mal blond. „Der Junge ist das Gegenteil von meinem Ideal", meinte Zarah darum auch, bevor sie ihm mit Haut und Haaren verfiel. Kann denn Liebe Sünde sein?

Was für Zarah galt, gilt genauso für uns Schwule: Jede Ähnlichkeit zwischen dem Mann unserer Träume und dem Mann für unser Leben wäre rein zufällig. Was die Suche nicht gerade erleichtert. So richtig fangen die Probleme allerdings erst an, wenn wir endlich fündig werden. Das Leben besteht halt zu 95 % aus Alltag, der irgendwie bewältigt werden will. Als Mittel zu diesem Zweck sah man in früheren Jahrhunderten die Lebensgemeinschaft zweier Menschen; ganz ohne romantische Hintergedanken. „Liebe" war reiner Luxus – gern genommen, aber überflüssig. Die Zeiten haben sich geändert.

Er gehört zu mir
Pro und Kontra feste Beziehung

Eine feste, harmonische Beziehung bringt Sonnenschein ins schwule Leben. Doch wo viel Licht ist, ist auch viel Schatten. Hier eine kleine Auswahl:

PRO

❤ Geborgenheit

❤ Jemand kümmert sich um den Abwasch

❤ Immer ein warmer Arsch im Bett

❤ Nie mehr alleine auf Partys gehen müssen

❤ Er hat tolle Pullover, die mir hervorragend stehen

❤ Sicherheit

❤ Es ist immer jemand da

❤ Gemeinsamer Urlaub

❤ Sex, wann immer man will

❤ Man lernt allmählich jeden Quadratzentimeter des anderen kennen

KONTRA

✖ Verlust an Freiheit

✖ Niemand kümmert sich um die Bügelwäsche

✖ Dauerstreit um die Bettdecke

✖ Nie mehr alleine auf Partys gehen können

✖ Ich hatte tolle T-Shirts – bis er sie sich unter den Nagel gerissen hat

✖ Langeweile

✖ Nie hat man seine Ruhe

✖ Er will Palmen, ich will Kühe

✖ Man will auf die Dauer immer seltener

✖ Es werden allmählich immer mehr, immer faltigere Quadratzentimeter

Heute ist Partnerschaft keine Existenzfrage mehr, sondern eine Herzensangelegenheit. Der Mann fürs Leben wird nicht zum Pflügen oder Holzhacken gebraucht, aber als Freund, Liebhaber, Berater, Begleiter, Entertainer, manchmal auch als Psychologe. Dem kann nur ein Supermann jederzeit perfekt gerecht werden – genau wie den oft naiven Vorstellungen von immerwährender Liebe. Ergebnis: Die „Männer fürs Leben" kommen und gehen. Immerhin, auch bei den Heten erreicht die Scheidungsrate jährlich neue Spitzenwerte. Es liegt also nicht am Schwulsein. Wohl eher an mangelnder Ausdauer und Vorbereitung.

> Homosexualität ist eine Liebe wie jede andere auch, (...) mit ebenso viel Möglichkeiten zum Großartigen, Rührenden, Menschlichen, Grotesken, Schönen oder Trivialen (...).
>
> *Klaus Mann*

Am Anfang steht die Selbsterkenntnis. Erstaunlich viele Männer suchen den perfekten Partner, ohne je darüber nachzudenken, ob sie wohl selbst einer sein könnten. Sollten sie aber. Ein Schwuler auf Freiersfüßen muß nicht nur wissen, was er haben will, sondern auch, was er geben kann. Der Lebensgefährte ist schließlich kein Goldfisch; er braucht mehr als täglich ein paar Futterflocken und gelegentlich frisches Wasser.

Auch die Ansprüche an den (Wunsch-) Partner verdienen eine kritische Prüfung. „Mit welchen Fehlern kann ich leben?" und „Was ist absolut unverzichtbar?" lauten die zentralen Fragen: Selbst der größte Ordnungsfanatiker kann sich mit einem Lover arrangieren, der regelmäßig die Zahnpastatube offen herumliegen läßt. Aber auch ein optischer Traumprinz kommt nicht in Frage, wenn in seiner perfekten Schale ein mieser Kern steckt. Schön, aber fascho – nein danke!

Voll erwischt
Zwanzig sichere Zeichen, daß du in Liebe glühst

Normalerweise merkt man ja, wenn man sich bis über beide Ohren in einen Mann verliebt hat. Manche von uns verlieben sich allerdings ständig und kühlen genauso schnell wieder ab. Bist du auch so einer? Dann mache diesen Test, um sicherzugehen, daß er deine Liebe fürs Leben ist. Oder zumindest für mehr als drei Wochen:

♡ **Eins ...**
Du hast seine Telefonnummer auf Kurzwahltaste „1" gespeichert.

♡♡ **Zwei ...**
Es stört dich nicht im geringsten, daß er sich mit deiner Nachbarin angefreundet hat.

♡♡♡ **Drei ...**
Du spürst ein unkontrollierbares Verlangen, ihn im Fahrstuhl zu küssen.

♡♡♡♡ **Vier ...**
Selbst wenn der Fahrstuhl mit acht Personen voll besetzt ist.

♡♡♡♡♡ **Fünf ...**
Wenn du zum Essen eingeladen wirst, gilt das automatisch auch für ihn.

♡♡♡♡♡♡ **Sechs ...**
Umgekehrt ist es genauso.

♡♡♡♡♡♡♡ **Sieben ...**
Obwohl etliche deiner Freunde ihn attraktiv finden, machen sie ihm keine Avancen.

♡♡♡♡♡♡♡♡ **Acht ...**
Das würden sie auch bitter bereuen.

♡♡♡♡♡♡♡♡ **Neun** ...
Dein Schrank verliert den Kampf gegen seine Hemden.

♡♡♡♡♡♡♡♡♡ **Zehn** ...
Macht nichts. Er hat schöne Hemden – und du die gleiche Größe!

♡♡♡♡♡♡♡♡♡♡ **Elf** ...
Du sprichst ständig von ihm, sogar bei deinen Eltern.

♡♡♡♡♡♡♡♡♡♡♡ **Zwölf** ...
Kein Grund ist zu dürftig, um ihn nicht auch mitten in der Nacht
anzurufen.

♡♡♡♡♡♡♡♡♡♡♡♡ **Dreizehn** ...
Mit ihm zusammen schaust du dir sogar die Sportschau an.

♡♡♡♡♡♡♡♡♡♡♡♡♡ **Vierzehn** ...
Dir ist lange kein Mann mehr begegnet, der auch nur annähernd so
gut aussieht.

♡♡♡♡♡♡♡♡♡♡♡♡♡♡ **Fünfzehn** ...
Andere Männer interessieren dich sowieso nicht mehr.

♡♡♡♡♡♡♡♡♡♡♡♡♡♡♡ **Sechzehn** ...
Deine Katze zerkratzt aus lauter Eifersucht sämtliche Tapeten.

♡♡♡♡♡♡♡♡♡♡♡♡♡♡♡♡
Siebzehn ...
Anschließend wechselt sie die Taktik und schmeichelt sich mit allen
Mitteln bei ihm ein.

♡♡♡♡♡♡♡♡♡♡♡♡♡♡♡♡♡
Achtzehn ...
Du lernst mit Stäbchen essen, weil er gerne chinesisch kocht.

♡♡♡♡♡♡♡♡♡♡♡♡♡♡♡♡♡♡
Neunzehn ...
Bevor du die seine gesehen hast, fandest du Tätowierungen gräßlich.

♡♡♡♡♡♡♡♡♡♡♡♡♡♡♡♡♡♡♡
Zwanzig ...
Du gewöhnst dir für ihn das Rauchen ab – ohne mit der Wimper zu
zucken.

schschleier&&
ringringdazu!!?
jawollsingsing
hochdiezeitja
feiernjafeiern
sollstauchduh
huhuhuhuuuuu
treumuttusein
treupromiskes
schwein???sc
hochzeitsollst
dufeiernundau
aufewigmein!!
meheinneihein
aufewigewigev
ewigewigewisc

Aus faulen Kompromissen wird keine glückliche Beziehung. Ohne ein paar Abstriche von den Idealvorstellungen wird es gar keine. Der Weg zum Beziehungsglück liegt irgendwo in der Mitte, hat was mit Geben und Nehmen zu tun und kann keine Einbahnstraße sein. Zwar läßt sich nicht jede Eigenart des Partners so leicht akzeptieren wie besagte Zahnpastatube – wobei selbst die einem Jungfraugeborenen wirklich schwer im Magen liegen kann, aber: Da muß man durch!

Der Schlüssel ist Respekt vor der eigenständigen Persönlichkeit des anderen Mannes (soll er doch mit seiner verdammten Zahnpasta machen, was er will). Er verhält sich also anders als der Traumprinz – na und? Wie würde ein Traumprinz auf Berufsstreß reagieren? Haben Traumprinzen auch mal Bauchschmerzen oder interessieren sich ausgerechnet für Fußball? Nein, Traumprinzen tun immer genau das, was man will. Wie ein dressierter Dackel.

Liebe ist da, Respekt ist da ... fehlt nur noch Vertrauen. Das entwickelt sich mit der Zeit (und wenn nicht, ist was faul). Alles zusammen gibt einem Paar die Kraft, auch die unvermeidlichen schlechten Tage, die allmählichen Veränderungen der Beziehung und den ganz normalen Alltagsfrust zu bewältigen. Liebe allein genügt jedenfalls nicht: „Ja, die Liebe hat bunte Flügel", heißt es bei *Carmen*. Man kann es auch weniger poetisch sagen: Das Luder ist ausgesprochen flatterhaft!

Geht einer Beziehung nicht gleich wieder die Puste aus, verlieren anfängliche Konflikte mit der Zeit an Bedeutung. Die Partner passen sich einander immer mehr an (man sieht's an der Zahnpasta ...). Dafür kommen neue Probleme – Stichwort Sex: Es verlangt schon einigen Einfallsreichtum, sich den Spaß im Bett auf Dauer zu erhalten. Sonst verkommt knisternde Erotik nach und nach zu gelegentlichen Pflichtübungen. Wer will schon eine Beziehung, die vor der Bettkante aufhört?

Daß man nach fünf gemeinsamen Jahren seltener miteinander vögelt als in den ersten fünf Wochen, läßt sich kaum vermeiden. Aber zumindest Spaß machen kann es immer noch – wenn man lernt, über seine Wünsche und Phantasien zu reden und sie auch gemeinsam auszuleben. Es ist ja nicht verboten, als „altes Ehepaar" mal eine heiße Nummer auf dem Knei-

penklo zu schieben oder sich im Park zwischen den Blumenra-
batten zu wälzen. Auch gelegentliche Seitensprünge sind okay,
sofern sich beide darüber einig sind und ihre Eifersucht unter
Kontrolle haben. Hauptsache Abwechslung!

> Was mich betrifft, glaube ich nicht an Monogamie.
> *Harvey Fierstein, Schauspieler und Bühnenautor („Das Kuckucksei")*

Langfristige Beziehungen können allerdings nicht nur das
Sexleben killen, sondern auch die Individualität. Es kommt vor,
daß sich einer von beiden zu sehr an den anderen anpaßt, den
eigenen Freundeskreis aufgibt und langsam aber sicher jede
Eigenständigkeit verliert. Böser Fehler: Wer nicht immer wieder neu erobert werden will, ist schnell uninteressant. Warum
sollte man unbedingt alles gemeinsam machen? Ein Stück persönlicher Unabhängigkeit tut auch der Beziehung gut.

Sogar ein gelegentlicher Krach gehört zum Liebesglück.
Nichts bringt eine Partnerschaft mehr voran als die gemeinsame Bewältigung von Konflikten. Natürlich braucht man dazu
ein gewisses Stehvermögen. Beide müssen ihre Beziehung
erhalten *wollen*. Beim erstbesten Problemchen den Koffer zu
packen führt jedenfalls zu nichts. Höchstens zurück zu Mutti.

> Vergiß nie, worauf es ankommt: daß man am Ende zusammen ist!
> *Mrs. Morehead alias Lucile Watson in „Die Frauen"*

Trotzdem werden wir uns auch mit der schwulen Scheidung
befassen. Manchmal ist sie eben unumgänglich – z.B. weil
man erstmal einige Lebensgefährten verschleißen muß, bis
man den Bogen richtig raus hat. Beschäftigen wir uns
zunächst mit dem besten Weg zum Traualtar:

Porentief rein
Persönlichkeitstest für den potentiellen Lebensgefährten

Bevor du anfängst, eure gemeinsame Zukunft zu planen, solltest du vielleicht den Hintergrund deines Geliebten etwas aus-
leuchten. Noch kannst du ihn relativ einfach loswerden, falls

seine weiße Weste schwarze Flecken aufweist. Wenn ihr erst eine gemeinsame Wohnung eingerichtet habt, wird die Sache wesentlich komplizierter. Laß deinen Schatz zu jeder der folgenden Fragen eine Antwort auswählen. Abgerechnet wird am Schluß:

1. Wie bist du als Kind zur Schule gekommen?
   a) Mit dem Omnibus.
   b) Mit der Bahn.
   c) Mit dem Traktor.
   d) Zu Fuß.
   e) Im Rolls-Royce.

   ☐ a ☐ b ☐ c ☐ d ☐ e

2. Wieviele feste Freunde hattest du in den letzten fünf Jahren?
   a) Keine.
   b) 1 – 10.
   c) Mehr als 10.
   d) Ich habe den Überblick verloren.

   ☐ a ☐ b ☐ c ☐ d

3. Wieviele Fickverhältnisse hattest du in den letzten fünf Jahren?
   a) Keine.
   b) 1 – 10.
   c) Mehr als 10.
   d) Ich habe den Überblick verloren.

   ☐ a ☐ b ☐ c ☐ d

4. Was ist für dich der Unterschied zwischen einem Fickverhältnis und einem festen Freund?
   a) Ich habe keine Fickverhältnisse.
   b) Ein fester Freund ist ein Fickverhältnis, das länger als eine Woche dauert.
   c) Von einem festen Freund kenne ich auch den Nachnamen.
   d) Ein fester Freund verschwindet erst nach dem Frühstück.
   e) Es gibt keinen Unterschied.

   ☐ a ☐ b ☐ c ☐ d ☐ e

5. **Wann sagst du „Ich liebe dich"?**
   a) Wenn nach zwanzig Minuten immer noch nichts dagegen spricht.
   b) Nach der dritten Verabredung.
   c) Erst, wenn mindestens drei meiner Freunde ihre Zustimmung signalisiert haben.
   d) Niemals! Das würde mich zu sehr binden.

   ☐ a ☐ b ☐ c ☐ d

6. **Wie verdienst du deinen Lebensunterhalt?**
   a) Ich bin finanziell unabhängig.
   b) Ich bin Schauspieler/Model.
   c) Ich bin Akademiker und fest angestellt.
   d) Ich bin arbeitslos.
   e) Etwas anderes.

   ☐ a ☐ b ☐ c ☐ d ☐ e

7. **Wenn du mit einem Lover nicht klarkommst, dann ...**
   a) ... erpresse ich ihn.
   b) ... ruiniere ich seinen guten Ruf.
   c) ... suche ich mir einen anderen.
   d) ... frage ich meine Mutti um Rat.

   ☐ a ☐ b ☐ c ☐ d

8. **Vervollständige diesen Satz: Gewaltverbrecher ...**
   a) ... müssen gute Gründe haben.
   b) ... hatten bestimmt eine unglückliche Kindheit.
   c) ... sollten standrechtlich erschossen werden.
   d) ... sollten nach Recht und Gesetz bestraft werden.

   ☐ a ☐ b ☐ c ☐ d

9. **Vervollständige diesen Satz: Das Beste an einem festen Freund ist ...**
   a) ... nur noch für ihn leben zu dürfen.
   b) ... daß zum flotten Dreier nicht mehr viel fehlt.
   c) ... daß meine Freunde vor Neid glühen.
   d) ... nichts. Ich lasse mich nicht an die Kette legen.

   ☐ a ☐ b ☐ c ☐ d

10. Vervollständige diesen Satz: Das Schönste an einer gemeinsamen Wohnung ist ...
a) ... bei meinen Eltern auszuziehen.
b) ... daß sich endlich jemand um meine Wäsche kümmert.
c) ... daß ich meinen Freund auf Schritt und Tritt überwachen kann.
d) ... wenn er mal für ein paar Tage verreist.

☐ a ☐ b ☐ c ☐ d

DER AUGENBLICK DER WAHRHEIT:
Bitte Taschentücher und Riechsalz bereithalten!

1. a), b) oder d) Scheint ganz normal zu sein.
c) Trägt er zufällig Gummistiefel?
e) Kann er das beweisen?

2. a) Übertrieben wählerisch? Oder vollkommen bescheuert?
b) Alles im grünen Bereich.
c) Klein sind die Ansprüche, groß der Bedarf!
d) Den kannste vergessen — spätestens nächste Woche.

3. a) Impotent? Asexuell? Frisch aus einem Kloster entkommen? Oder ein Lügner?
b) Durchaus wählerisch, aber bestimmt kein Kind von Traurigkeit.
c) Gesunde (etwas überaktive?) Libido. Verspricht eine Menge Spaß — wenn du ihn bei der Stange halten kannst.
d) Bestenfalls ein Angeber, wahrscheinlich ein Flittchen, womöglich sogar ein Stricher. Wertgegenstände gut verstecken und kein gemeinsames Frühstück einplanen!

4. a) Wie schön — ein Romantiker!
b), c) oder d) Der verliert keine Zeit. Aber du verschwendest mit ihm die deine.
e) Mach einen großen Bogen um diesen Typen!

5. a) Spielernatur oder Schlampe? Jedenfalls nichts für dich!
   b) Nimm ihn beim Wort!
   c) Seine Freunde sind garantiert die übelsten Speichellecker.
   d) Ein emotionaler Eisblock. So was gehört an den Nordpol, nicht in dein Bett.

6. a) Wahrscheinlich lügt er und handelt mit Drogen. Verdrückt er sich häufig für kurze Zeit mit fremden Leuten in dunkle Ecken?
   b) Er ist Kellner (vgl. Kapitel 5).
   c) Langweiler-Alarm: Womöglich hat er mehr Sparbücher als Gesprächsthemen auf Lager!
   d) Sucht er einen Sponsor?
   e) Du brauchst keinen Millionär. Es reicht, wenn er dir nicht auf der Tasche liegt.

7. a) oder b) Ein rachsüchtiges Biest. Augen auf!
   c) Ihm mangelt es nicht an Einfallsreichtum — aber an Loyalität.
   d) Ein verdorbenes Bürschchen! Du wirst ihn disziplinieren müssen.

8. a) Ein Psychopath. Finger weg!
   b) Der findet für alles eine Entschuldigung. Unzuverlässig und verantwortungslos.
   c) Ein Rechtsradikaler. Un-Heil droht!
   d) Er ist in Ordnung, wird sich allerdings auch von *dir* nicht alles bieten lassen.

9. a) Obacht, der wird dich zum Haustier abrichten!
   b) Wetten, daß ihm nur eines der folgenden Fremdworte unbekannt ist: Gonorrhöe — Syphilis — Hepatitis — *Monogamie*.
   c) Was bist du? Ein billiger Ersatz für ein dickes Auto?
   d) Soll er doch in seiner Einzelzelle verrotten!

10. a) Wahrscheinlich kann er nicht mal Kaffee kochen.
    b) Besorg dir schon mal Schürze und Häubchen, Minna!
    c) Gratulation, da hast du deinen persönlichen Stasi-Agenten!
    d) Du wirst seine Liebhaberqualitäten nicht öffentlich preisen müssen — jeder kennt sie.

WAHRHFIT

Zwei Zimmer, Küche, schwul
Die gemeinsame Wohnung

Der Einzug in gemeinsame vier Wände – egal ob einer zum anderen zieht oder beide zusammen in eine neue Wohnung – bedeutet sehr viel mehr als Möbel schleppen. Da gibt es zunächst mal klare finanzielle Vorteile: geteilte Miete, bessere Auslastung von Kühlschrank und Waschmaschine etc. Vielleicht reicht das Budget endlich auch für einen Geschirrspüler, der jetzt sowieso unentbehrlich sein wird.

Aber das ist nur die Oberfläche. Zwei erwachsene Männer in einer Wohnung, das ist auch ein gutes Stück Coming-out. Selbst dem dämlichsten Nachbarn wird langsam dämmern, daß diese beiden mehr sind als eine Wohngemeinschaft. Was kann köstlicher sein als das dumme Gesicht des Klempners, der morgens klingelt und von zwei Kerlen in Seidenpyjamas begrüßt wird? (Antwort: ein gut gebauter, blutjunger Klempner, der ein *gieriges* Gesicht macht.) Nur eine einzige Personengruppe scheint gegen den Erkenntniswert einer gemeinsamen Wohnung immun: Die Eltern der beiden Schwulen, sofern ihre Söhne sie nicht aufgeklärt haben. Die glauben hartnäckig, zwei 35-jährige Männer teilen sich ein Heim, weil sie noch nicht der richtigen Frau begegnet sind.

Vor allem ist das Zusammenziehen ein großer Schritt in Richtung „Ehe". Solange uns konservative Regierungen das Recht auf den Trauschein verweigern, ist der gemeinsame Mietvertrag ein So-gut-wie. Zumal man heutzutage einfacher geschieden werden kann, als sich eine neue Wohnung finden läßt.

Was Mutti nie begreifen wird: In Wahrheit schläft der „Untermieter" gar nicht auf der Klappcouch!

In Reue fest
Daran hättest du vorher denken sollen!

Bevor du mit deinem Freund zusammenziehst, solltet ihr euch alles ganz genau überlegen. Es kann sich z.B. als unmöglich erweisen, eure hervorragenden, aber grundverschiedenen Geschmäcker unter einen Hut zu bringen. Wird sein *Memphis* sich mit deinem *Bauhaus* vertragen? Vergiß es – du weißt, wie leicht die Leute reden. Dabei ist die Inneneinrichtung nicht mal das größte Problem:

❶ Wenn ihr zusammen wohnt, gibt es endgültig keinen Klaus mehr und keinen Martin, sondern nur noch Klausundmartin. Wie fühlt man sich als siamesischer Zwilling?

❷ Ihr macht alle Anschaffungen gemeinsam. Falls die Sache jemals schiefgeht, werdet ihr die Quittungen gut brauchen können. Oder eine Säge.

❸ Eure Auffassungen von Treue gehen weit auseinander. Das solltet ihr besser auch.

❹ Er ist ausgesprochen häuslich. Du mußt ständig unter Leuten sein. Wäre die Souterrainwohnung im Schwulenghetto ein tragfähiger Kompromiß?

❺ Du bist eingefleischter Makrobiotiker. Er kann sich tagelang nur von Cola und Kartoffelchips ernähren: Ihr braucht von vornherein getrennte Eßzimmer!

❻ Du hast ein Aquarium. Er mag zwar Fische nicht besonders, aber seine Katze um so mehr.

❼ Er will immer morgens, du willst immer abends. Das heißt, doppelt oder nichts.

❽ Ihr seid beide passiv. Also doppelt und trotzdem nichts!

❾ Sein bester Freund und dein Intimfeind sind zufällig ein und dieselbe Person. Für Streit werdet ihr nicht selber sorgen müssen – den bekommt ihr frei Haus.

❿ Du bist Nachtwächter. Er ist Klavierlehrer. Und er arbeitet zu Hause.

Trau dich, trau dich
Die schwule Ehe

An schwule Lebensgemeinschaften hat sich unsere biedere Stino-Umwelt inzwischen halbwegs gewöhnt, jedenfalls in den fortschrittlichen Regionen des Planeten. Die rechtlich dem heterosexuellen Vorbild gleichgestellte schwule Ehe ist damit aber noch lange nicht geregelt. Dänemark, Island, Norwegen und Schweden haben sie, Holland und Hawaii wollen sie – viel weiter reicht es noch nicht. In den letzten Jahren ist ein regelrechter Kampf um dieses Thema entbrannt.

> Soll aber das im Grundgesetz der Bundesrepublik garantierte Recht auf Gleichheit gelten, muß es ganz gelten bis hin zum Recht auf Heirat. Dem Schutz der Familie widerspricht dies nicht. Die Ehe Gleichgeschlechtlicher geht nicht zu ihren Lasten.
> *Kommentar der Süddeutschen Zeitung vom 3.10.1989*

Die deutsche Schwulenbewegung fordert die Homo-Ehe in erster Linie aus prinzipiellen Erwägungen heraus (typisch deutsch), nicht zu vergessen auch die Steuervorteile. Die Schwulen in USA sehen das viel dramatischer: Dort fürchtet man, falls dieser Schritt nach vorne nicht gelingt, könnte es zwei Schritte zurück gehen mit der Emanzipation.

Viele Schwule sind auch ganz und gar *gegen* die Ehe, weil sie die Übernahme eines veralteten sozialen Modells bedeute. Wie dem auch sei, gegen eine schöne Feier und einen Haufen teure Geschenke ist bestimmt nichts einzuwenden. Die schwule Heirat mit allem Drum und Dran bedeutet außerdem eine politische Demonstration. Und natürlich verspüren viele von uns ganz einfach das Bedürfnis, ihrer Beziehung ein Gütesiegel aufzudrücken.

Rüdiger und Manfred erhielten am 4. Juli 1993 den Segen für ihre Partnerschaft.

Das Hochzeitsbankett
Woran ihr bei der Planung denken solltet

Eure Hochzeitsfeier soll eine bleibende Erinnerung werden. Eine *angenehme* Erinnerung. Damit nichts schiefgeht, ist umsichtige Planung nötig. Habt ihr wirklich an alles gedacht?

🦅 Wessen Eltern bezahlen die Feier?

🦅 Geht einer von euch im Brautkleid? Wenn ja, kann er guten Gewissens Weiß tragen?

🦅 Falls ihr mit einer Kutsche vorfahrt: Was passiert hinterher mit den Hengsten? (Am besten, ihr mietet echte Pferde!)

🦅 Weihrauch oder Poppers?

🦅 Kann jemand Trauzeuge werden, mit dem einer von euch schon mal im Bett war? Wenn nein, wer bleibt übrig?

🦅 Könnt ihr sicher sein, daß die „Brautjungfern" Unterwäsche tragen?

🦅 Wer steckt wem zuerst den Ring an?

🦅 Könnt ihr wirklich Freunde und Verwandte zur selben Feier einladen? Wenn ja, solltet ihr dann nicht wenigstens auf den Ausschank alkoholischer Getränke verzichten?

🦅 Wer wirft den Brautstrauß? Und wessen Freund wird ihn auffangen?

🦅 Wer entführt die Braut (es sollte jemand sein, der die Situation garantiert nicht ausnutzt)? Wer wird als Braut entführt (auch das sollte jemand sein, der die Situation garantiert nicht ausnutzt)?

🦅 Braucht ihr eine Aussteuer? (Na sicher!)

🦅 Wohin geht die Hochzeitsreise? (Einige Anregungen findest du im Kapitel 9.)

Be my little baby
Kinderwunsch und Kind-Ersatz

Noch mehr als unsere Fähigkeit nach wahrer Liebe (und womöglich sogar Treue) wird unsere Sehnsucht nach einem Kind unterschätzt. Als ob sich das Gemüt nach biologischen Barrieren richtete. Wenn's so wäre, würden nicht unfruchtbare Hetenpaare die Samenbänke stürmen!

> Ich hätte wahnsinnig gerne Kinder gehabt.
> *Helmut Baumann, Intendant und*
> *Star des Berliner (Musical-) Theater des Westens*

Die meisten schwulen Paare finden einen Ersatz für das unerreichbare Kind. Der hat normalerweise vier Beine und einen Pelz, macht „Miau" oder „Wau" und bleibt, das ist das Beste daran, sein Leben lang eine Art Baby. Sämtliche väterlichen (oder mütterlichen) Triebe werden auf dieses Wesen projiziert. Vielleicht bekommt das Kleine ein wenig Übergewicht, ganz sicher jedenfalls alle Liebe dieser Welt.

Katzen sind echte Persönlichkeiten, eignen sich besonders gut zum Schmusen, und ihr Schnurren ist ein wunderbares Schlaflied (natürlich darf sie mit ins Bett). Hunde sind devoter, machen viel mehr Arbeit, können je nach Rasse über 90 Kilo wiegen (dann also nix mit auf dem Schoß liegen oder kuscheln) und ganz schön laut sein. Ihr Vorteil: Beim Gassigehen lernt man unglaublich leicht Leute kennen. Vor allem schwule Hundebesitzer. Mit einem echten Baby kommt man nur an junge Mütter ran – kein Bedarf!

Trotzdem mag sich nicht jeder mit einem Haustier zufriedengeben. Schon wegen der Haare und Verständigungsprobleme – oder weil das Futter so unangenehm riecht. Nein, es werden wohl ernsthaftere Erwägungen sein, die dann vielleicht zu einem schwerwiegenden Entschluß führen: *Adoption!* Rechtlich ist sie möglich, allerdings kann bei allen nichtehelichen Lebensgemeinschaften nur eine Einzelperson den amtlichen „Zuschlag" erhalten. Elternrechte des Partners müssen mühsam (und unvollkommen) durch notarielle Verfügungen zurechtgebastelt werden (genaue Informationen hat *Das lesbisch-schwu-le Babybuch*).

> Ich würde es schöner finden, mit einem Mann zusammen ein Kind zu haben und zu erziehen. Aber unsere Gesetzgebung ist da noch ein wenig veraltet.   *Hartwig Rudolz, Schauspieler*

Und es gibt noch einen Weg zum eigenen Kind für das schwu-le Paar. Der führt über eine Leihmutter und kann mehr (bei persönlicher „Besteigung") oder weniger (bei Samenspende) unangenehm sein. Die rechtliche Lage ist jedenfalls nicht auf unserer Seite – was tun, wenn Leihmama das Kleine nicht her-ausrücken, sondern nur die Alimente kassieren will? Schließ-lich ist es auch *ihr* Kind.

Ein echtes *gemeinsames* Kind bleibt schwulen Paaren jeden-falls bis auf weiteres verwehrt. Vielleicht finden die Genlabors auch dafür eines Tages eine Lösung. Selbst austragen werden

Bei der Geburt unseres ersten Kindes.

wir es aber auch dann noch nicht. Na ja, wer will schon Schwangerschaftsstreifen und Wasser in den Beinen?

> Daß Homophilie das unumgängliche Gesetz der Geburtenkontrolle vorwegnimmt, ist nicht ohne Bedeutung.
>
> *Gottfried von Einem, Komponist*

Der Planet ist längst übervölkert, je mehr Leute ohne Nachwuchs bleiben, desto besser. Zumindest deine Schwiegermutter wird sich für diese positive Seite schwuler Kinderlosigkeit allerdings kaum begeistern. Sie weiß nur, daß das schon vor Jahren angeschaffte „Unser Enkelkind"-Fotoalbum leer bleiben wird. Und das verzeiht sie dir nie! Verständlich, bedenkt man, wie sehr sich fast alle Eltern auch Enkel wünschen. Wenn ihr einziger Sproß (oder eben sämtliche) homo ist, kann das schon hart sein.

Phasen einer Ehe
So entwickeln sich Beziehungen

Auch wenn jede Beziehung anders ist (spätestens beim zweiten Mann wirst du's merken), laufen doch alle Partnerschaften nach einem bestimmten Schema ab. Besser gesagt, sie durchlaufen bestimmte Phasen. Je nach Temperament kann das im Zeitraffer passieren oder über Jahre hinweg:

1. Verliebt bis über beide Ohren

Alles ist neu, alles ist aufregend, alles ist toll. Man verbringt jede freie Minute miteinander (und zwar meistens im Bett).

2. Verschmelzung

Man gewöhnt sich dem Partner zuliebe bestimmte Macken ab (oder gewöhnt sich daran) und entwickelt gemeinsame Gewohnheiten.

3. Nestbau

Man hält die Beziehung für den Normalzustand und glaubt, in einer gemeinsamen Wohnung würde es noch besser.

4. Krise

Reingefallen, der böse Alltagstrott schlägt unerbittlich zu. Ich sag nur: *Zahnpastatube*. Im Bett ist es auch nicht mehr so toll, und da war neulich dieser geile Typ auf der Party ...

5. Entspannung

Man hat sich die wesentlichen Hörner abgestoßen (und nicht allzu viele neue gegenseitig aufgesetzt). Man hat gelernt, daß die Beziehung nicht automatisch alle Probleme der Welt löst. Man entwickelt immer mehr Gemeinsamkeiten, gibt aber gleichzeitig der Individualität wieder mehr Raum.
(Phasen 4 und 5 können sich beliebig oft wiederholen.)

6. Perfekte Harmonie

Viele erreichen sie nie. Das macht aber nichts, weil sie einen gewissen Beigeschmack von Leichenstarre haben kann. Wenn's ab und zu mal richtig rumpelt im Karton, wird die Versöhnung um so schöner.

Zwei wie Pech und Schwefel
Daran erkennt man ein schwules Ehepaar

1. Im Supermarkt: zwei Männer, ein Einkaufswagen, erlesene Speisen.

2. Im Restaurant: Sie bestellen entweder beide genau das gleiche, oder jeder ißt die ganze Zeit vom Teller des anderen mit.

3. Im Darkroom: Beide betreten ihn gemeinsam. Und kommen nach kurzer Zeit auch gemeinsam wieder heraus.

4. Sie streiten sich nie (oder ständig, und immer über dieselben Lappalien).

5. Sie drücken sich in aller Öffentlichkeit gegenseitig Mitesser aus oder zupfen sich Flusen vom Jackett.

6. Sie scheinen immun gegen die Verlockungen fremden Fleisches (muß Treue schön sein ...).

7. Sie verstehen sich ohne Worte.

8. Sie tauschen ständig zärtliche Blicke aus (oder giftige).

9. Beide sagen fast immer „wir" und fast nie „ich".

10. Sie ergänzen sich hervorragend — auch was die „kleinen Macken" angeht.

Immer nur lächeln
So vermeidet man den Mord an der Schwiegermutter

Enkel hin, Verständnis her: Die Schwiegermutter (SM) ist oft ein Miststück. Eine zeternde Alte, die ihre letzten Jahre (und sie wird garantiert hundert) nur noch einer Aufgabe geweiht hat — dich zu verjagen. Weil du nicht das nette Mädchen bist, das ihr Liebling heiraten sollte. Und wenn's das nicht ist, dann dein Beruf, deine Kleidung, deine Kochkünste, dein Rasierwasser oder dein Faible für *Lladró*. Wie auch immer: Ihr Sohn ist ein „guter Junge". *Du* bist die Schwuchtel. Es wäre nur gerecht, ihr an die Gurgel zu gehen. Leider kannst du nicht sicher sein, daß die Richter auf Notwehr erkennen. Also versuch's erst mal damit:

1. Schließt euch einer Zirkustruppe an. SM wird euch wohl kaum überallhin folgen können — zumindest nicht unters Chapiteau!

2. Schon gemerkt? Man kann stundenlang mit SM telefonieren, ohne selbst ein einziges Wort zu sagen. Also mußt du auch nicht zuhören.

3. Wandert nach Australien aus. Wenn SM ihre nächste Telefonrechnung erhält, trifft sie der Schlag.

4. Schließt euch den Amish in Pennsylvania an. Die haben gar kein Telefon.

5. Zieht in das Haus ihr direkt gegenüber. Dann kann SM euch besuchen, sooft sie will — sie muß nur die vielbefahrene Schnellstraße überqueren.

6. Verkuppelt SM mit einem feurigen Lateinamerikaner. Was dieser Frau fehlt, ist eine sinnvolle Beschäftigung!

Aus eins mach zwei
Scheidung und Aufteilung des Vermögens

Schon Marilyn Monroe wußte: *„Diamonds are a girl's best friend"* – weil sie den Brilli noch hat, wenn der Willi längst weg ist. Falls deine Ehe in die Brüche geht, wirst du feststellen, daß sich euer gemeinsamer Hausrat nicht viel leichter teilen läßt als der *Harry Winston*: Kann man die Waschmaschine mit der Stereoanlage aufrechnen? *Rosenthal* mit *Christofle*? Wieso steht sein Name plötzlich in sämtlichen Büchern? Als er einzog, hatte er nur einen zerfledderten *Spartacus*! Vielleicht solltet ihr einen Schlichter anheuern. Oder den ganzen Krempel meistbietend versteigern.

Schlimmer noch als die Probleme mit den Preziosen können die Auswirkungen auf den gemeinsamen Freundeskreis sein. Eure Trennung sendet Schockwellen bis in den hintersten Winkel der Ersatzfamilie oder bringt zumindest die Telefondrähte zum Glühen. Manche Freunde fühlen sich womöglich berufen, Partei zu ergreifen. So willkommen ein seelischer Beistand in diesen trüben Tagen sein mag: Verzichtet darauf! Widersteht auch der Versuchung, eure schmutzige Wäsche in aller Öffentlichkeit zu waschen!

> Ich gab ihm meine Jugend!
> *Sylvia Fowler alias Rosalind Russel in „Die Frauen"*

Ihr könntet sonst zuviel mit in den Strudel reißen. Gerade jetzt, wo der Weg endlich frei wäre, aus seinem stets angeschmachteten alten Freund deinen neuen Lover zu machen … Abgesehen davon, sollen sie euch mit verheulten Augen und geschwollenen Nasen sehen? Ihr habt eure Liebe verloren; behaltet wenigstens eure Würde!

Wo das jetzt geklärt ist, wer bekommt die Espressomaschine?

Enough is enough
So schickt man seinen Mann in die Wüste

Reden wir nicht über die Gründe, die zum Ende einer Partnerschaft führen. Das kann alles mögliche sein. Der Herr hat's gegeben, der Herr hat's genommen – was soll's. Interessanter ist folgendes: Statistisch gesehen, besteht im Falle des Scheiterns eurer Beziehung eine Fünfzig-Prozent-Chance, daß *du* es sein wirst, der *ihm* den finalen Tritt verpaßt. Egal wie zerrüttet die Ehe ist, wird das nicht unbedingt Begeisterung hervorrufen. Weinkrämpfe oder unkontrollierte Wutausbrüche sind wahrscheinlicher. Falls du mit rabiaten Reaktionen rechnest, vielleicht sogar spätere Racheakte fürchten mußt, geh lieber auf Nummer sicher:

- Tu es an einem hellen, gutbesuchten Ort; entweder mit Freunden in der Nähe oder umgeben von Leuten, die du niemals wiedersehen wirst. Es könnte fies werden.

- Falls es zu Hause passieren muß, verstecke zuvor alle leicht entflammbaren, scharfen oder schweren Gegenstände. Achte darauf, daß er niemals zwischen dir und dem Ausgang steht.

- Dreh den Spieß um. Sage ihm, er sei zu gut für dich. Und versuche wenigstens dieses eine Mal im Leben, ernsthaft zu klingen!

- Stell ihm einfach seinen Krempel vor die Tür und wechsle alle Schlösser aus. Lasse eine Alarmanlage einbauen oder besorge dir einen großen Hund. Beantrage eine neue Telefonnummer.

- Setze deine eigene Todesanzeige in die Zeitung und zieh in eine andere Stadt.

- Melde dich für das Zeugenschutzprogramm.

- Werde Mitglied bei der Russenmafia.

- Fahre das schwerste Geschütz von allen auf: Laß deine Mutter die Nachricht überbringen! Auf diese Gelegenheit hat sie jahrelang gewartet.

Auch er wurde in die Wüste geschickt. Sein Glück: Hinter der übernächsten
Düne begegnete er seinem nächsten Mann.

Andreas Meyer-Hanno

Ein klangvoller Name, nicht nur in der Welt der Oper: Im Lauf der Jahre hat der promovierte Musikwissenschaftler mehr als 100 Operninszenierungen ins Rampenlicht gestellt. Doch auch als „Maintochter", Bewegungsschwester der ersten Stunde und als Wohltäter machte Andreas von sich reden. Die gemeinnützige „Hannchen-Mehrzweck-Stiftung für homosexuelle Selbsthilfe" trägt seinen Spitznamen, seine Handschrift – und nicht zuletzt sein Geld.

Kinder des Olymp

Schwule Kultur

▷ Warum ist der Beitrag schwuler Männer zur Weltkultur so überproportional hoch? Warum ist der Beitrag jüdischer Menschen so hoch? Liegt's am beiden Gruppen gemeinsamen Schicksal, sich mehr als andere mit der Welt und sich selbst auseinandersetzen zu müssen? An der dabei erlangten Gabe, Gefühle und Wahrheiten zu erkennen und auszudrücken? Dem daraus erwachsenen Bedürfnis, die Welt schöner, besser, freundlicher zu gestalten?

> Schwulsein war für mich der Zugang zur großen weiten Welt der Kreativen und Künstler.
>
> *Frank Otto, Unternehmer aus Hamburg*

Vielleicht sind die gesellschaftlichen Ursachen weniger tiefgründig. Für „richtige" Männer und „gute" Katholiken gilt es als unschicklich, sich von der Muse küssen zu lassen. Schwule wie Juden brauchen sich nie in dieser Weise um ihren guten Ruf zu sorgen. Sie können ungehemmt ihre Kreativität entfalten und wissen diese Chance stets zu nutzen. So haben sie unzählige große Künstler hervorgebracht und gleichzeitig ein hervorragendes Publikum. Ohne schwule Fans würden Mouskouri und Rosenberg auf Kaffeefahrten Volkstümliches trällern, Opernhäuser müßten schließen, und die *Golden Girls* wären nie über das Nachmittagsprogramm hinausgekommen.

Das Besondere an der schwulen Kultur ist ihre ungeheure Spannbreite und Vielfalt. Sie vereint schräge Shows in Kellerbars mit dem Walkürenritt auf Bayreuths Grünem Hügel, derbe Witze mit hehren Gefühlen. Allem gemeinsam ist nur eines: Es trifft immer den Nerv. Es ist höhere Erkenntnis in schillernder Verpackung. Es ist das *Wahre, Gute und Schöne* – selbst wenn es mit falschen Wimpern, böser Zunge und häßlichem Fummel daherkommt.

Need a Man Blues
Zwölf Tonträger, die jeder Schwule besitzen sollte

Der Unterschied zwischen *Megaflop* und *Superhit* liegt nicht selten im Erfolg beim schwulen Publikum. Seit einigen Jahren überläßt die Plattenindustrie das nicht mehr dem Zufall: Mit halbnackten, schweißglänzenden Jungs als Garnitur wurde selbst die mopsige Madonna Louise Ciccione zur schwulen Pop-Ikone. Das ist praktisch, denn Bodybuilding geht einfacher als Gesangsausbildung. Prompt stürmten synthetisch erzeugte *Boys Groups* die Charts. Stählerne Titten und blecherne Stimmchen – Aussehen muß, Tanzen soll, Singen darf. Deren schwule Fans gehen allerdings in einem Meer kreischender Backfische unter. Die wirklichen *Greatest Schwulenhits* kommen nach wie vor nicht aus der Retorte, sondern von Herzen:

Bronski Beat: The Age of Consent
Seinerzeit ein revolutionäres Coming-out auf Vinyl. Maggie Thatcher proklamierte die schwulenfeindliche *Clause 28*. Jimmy Somerville propagierte den selbstbewußten Widerstand. Und erzählt mit *Smalltown Boy* eine Geschichte, die Millionen Schwule selbst erlebt haben.

Judy Garland: Judy at Carnegie Hall
Vielleicht der meistverkaufte Konzertmitschnitt aller Zeiten. Wer es hört, begreift, warum Judy Garlands Tod angeblich den *Stonewall*-Aufstand auslöste.

Erasure: The Innocents
Ein Schwuler und ein Hetero singen über schwule Liebe. Echte Fans besitzen auch ein Konzertvideo. Gegen Leadsänger Andy Bell ist wirklich *jeder* ein Machotyp.

ABBA: Gold

„Das Leben ist so schön wie ein ABBA-Song!" Die Schweden-gruppe brachte einige der größten Hits und geschmacklosesten Kostüme aller Zeiten hervor. Wie kein zweites Ereignis verein-te ihr Revival Jung und „Alt" auf dem schwulen Dancefloor.

Jessye Norman:
Gustav Mahler, Symphonie Nr. 3 d-moll

Die Musik kennen wir zumindest vom *Tod in Venedig*. Die Interpretin von den großen Opernbühnen der Welt.

Pet Shop Boys: Discography
The Complete Singles Collection

Songs wie diese brachten eine ganze Generation zurück in die verwaisten Discos und führten zur Entwicklung des postmo-dernen Club-Kids.

Marlene Dietrich: Live in London

Frag nicht, warum ich gehe und *Falling in Love again.* Noch besser: der Videomitschnitt von 1972!

Georg Friedrich Händel: Wassermusik

Vor mehr als 300 Jahren für ein königliches Wasservergnü-gen komponiert, wirkt Händels festlich-heitere Musik noch heute wie ein Entspannungsbad. Besonders nach einer Nacht vor dem Baßlautsprecher oder einem Wochenende mit der Schwiegermutter.

Freddie Mercury
The Freddie Mercury Album

Der Frontmann und kreative Kopf von *Queen* als Solist und im Duett mit der unvergleichlichen Montserrat Caballé aus Barce-lona. *Let's turn it on!*

Liza Minelli: The Day After That

Ein Lied der Hoffnung, das Liza im September 1993 gemeinsam mit dem New York City Gay Men's Chorus einspielte. Das *We shall overcome* der Aids-Ära.

Alexandra: Stimme der Sehnsucht

Ist es *Mein Freund, der Baum? Das Lied der Taiga?* Oder steckt doch der *Zigeunerjunge* dahinter?

Everything But The Girl: Missing You

Seufz!

Noch besser als die beste Schallplatte ist natürlich das Live-Erlebnis. Schwule haben, wen wundert's, den hysterischen Starkult perfektioniert (obwohl gewisse Backfische mächtig aufholen). Wer längst sämtliche Platten, Videoclips und -mitschnitte, Zeitungsartikel und was sonst noch von und über sein Idol gehortet hat, giert um so mehr nach Realreliquien: Ein Knopf, eine Locke, ein verschmierter Make-up-Druck („Ich wasche mir nie mehr das Gesicht!") oder verschwitzte Unterwäsche („... und *die* erst recht nicht!"). Also rein in den Fan-Fummel und ab ins Vergnügen!

Verzückt stehen wir in der Menge, blind für alles außer dem Star. Wir lassen Wunderkerzen und Joints kreisen, wobei wir abwechselnd ehrfürchtig lauschen oder aus voller Kehle mitgrölen. Selbstverständlich können wir sämtliche Texte auswendig: Das dort ist schließlich *unser Idol!* Jeder Griff ans Gemächt oder Dekolleté, jedes göttliche Wort aus dem gebenedeiten Mund wird frenetisch bejubelt. Gierig saugen wir alles, alles in uns auf. Ein Leben lang werden wir davon sprechen — sobald unsere Stimmbänder es wieder zulassen.

Bis dahin ist genügend Zeit, die frisch erworbenen Devotionalien an den ihnen gemäßen Plätzen zu verstauen: Das Original-Tourneeplakat, das Original-Tournee-T-Shirt, die Original-Basecap, das Original-Feuerzeug, den Original-Colabecher und den Leuchtstab und ... verdammt, wo ist die Eintrittskarte? Wenn die weg ist! Dieses wichtigste aller Beweisstücke! Außerdem war hintendrauf die Telefonnummer von diesem süßen Typen. Was? Den hast du nicht gesehen?

Manche mögen's heiß
Zwanzig Filme, die jeder Schwule gesehen haben muß

Reden wir nicht vom *Blue Movie* oder der Bedeutung des Wortes „Sicht-Verhältnisse" im Zusammenhang mit der letzten Sitzreihe eines Lichtspielhauses. Reden wir von Inhalten. Eine kurze Liste schwuler Filmklassiker zu erstellen ist eigentlich unmöglich. Streifen mit explizit schwuler Thematik gab und gibt es wenig, auch wenn sich Hollywoods homophobe Verkrampfung seit *Philadelphia* spürbar gelockert hat. Um so gründlicher durchforsteten die Schwulen das Mainstream-Kino nach großen Szenen, geistreichen Zitaten, glamourösen Kostümen und gutgebauten Männern. Sie fanden *Die roten Schuhe* und den *Roten Korsaren*, Han Solo alias Harrison Ford im *Krieg der Sterne*, Christian Slater in *Der Name der Rose*. Natürlich lieben wir auch sämtliche Bette Midler-Filme. Und nicht zuletzt durch Hollywoods neue Schönlinge wird unsere Hitliste immer schneller immer länger. Machen wir's lieber kurz:

Abschiedsblicke
Erfrischend humorvolle Auseinandersetzung mit der verheerenden Seuche Aids. Eine der ersten Produktionen, die sich intensiv mit diesem Thema befaßten. Leben pur.

All about Eve
Bette Davis spielte viele grandiose Rollen. Hier ist sie die legendäre, nicht mehr ganz junge Broadway-Schauspielerin Margo Channing. Sie macht den gleichen Fehler wie einst Adam — und vertraut Eva. Anlaß für intrigante Verwicklungen und ein klassisches Filmzitat.

Another Country
Was geschieht wirklich hinter den Mauern englischer Internate? Ein opulenter Augenschmaus. Die Kostüme machten den *Country Look* populär und Ralph Lauren steinreich.

Before Stonewall

Filmische Dokumentation der Lebensrealität von Schwulen und Lesben vor Beginn der homosexuellen Emanzipation. Erschütternd, rührend, mitreißend. Geballter Denkstoff.

The Celluloid Closet

Noch 'ne Dokumentation: Mit welchen Tricks Hollywood jahrzehntelang krampfhaft versuchte, schwule und lesbische Charaktere bzw. Themen aus seinen Filmen herauszuhalten – und wie herrlich das mitunter mißlang. Manche legendäre Szene wirkt überraschend anders, wenn man nur weiß, wie sie wirklich zu verstehen ist.

Coming out

Heiner Carows einfühlsame Studie vom Coming-out eines jungen Lehrers entstand 1989, noch in der DDR – was das Weltniveau der gezeigten Probleme, Bilder und Darsteller in keiner Weise einschränkt.

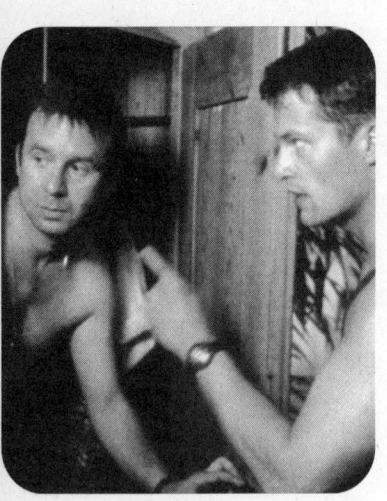

Der bewegte Mann

Den Besucherzahlen nach hat jeder Schwule in Deutschland diese Komödie mindestens einmal gesehen. Eine gnadenlose Anhäufung schwuler Klischees, die alle absolut wahr und obendrein saukomisch sind.

> Ich war verblüfft, wie gut ich in diesen Pumps gehen konnte, wie sicher ich darin stand. Jaja, da kommt man ins Grübeln.
>
> *Joachim Król alias Norbert Brommer*

Edward II

Shakespeares Drama (Regie: Derek Jarman) in grandiosen Guckkasten-Bildern. Camp in Reinkultur. Der König von England vernachlässigt seine Frau, weil er's mit Piers Galveston treibt. Intrigante Hofschranzen machen daraus eine tödlich endende Staatskrise. Schon allein die flamboyanten Kostüme der unglücklichen Königin sind das Eintrittsgeld wert.

Eins – zwei – drei

Rasendes Tempo, eine unüberschaubare Flut intelligenter Gags, hervorragende Darsteller, ein tuntiger Hubert von Meyerinck und ein blutjunger Horst Buchholz empfehlen Billy Wilders Kalter-Kriegs-Komödie zur häufigen Betrachtung. *Sitzen machen!*

Die Frauen

Die reichste Quelle wertvoller Zitate seit Goethe: 135 Frauen giften und keifen um die Wette. Grandiose Starbesetzung, irrwitzige Fummel, geniale Dialoge. Sind Frauen (schrieben auch das Drehbuch) doch die besseren Tunten?

L'amour, l'amour, l'amour … !
Flora, Countess de Lave
alias Mary Boland in Die Frauen

Hairspray

Turbulente Trash-Klamotte mit Divine als göttlicher Schlampe und Debbie „Blondie" Harry als zickiger Gegenspielerin. Schräge Szenen, phantastische Turmfrisuren, süße Jungs.

Die Konsequenz

Die tragische Liebesgeschichte zwischen einem wegen Verführung Minderjähriger eingebuchteten Schauspieler und dem Sohn eines Gefängnisaufsehers scheitert an gesellschaftlicher Intoleranz. Die Konsequenz: Selbstmordversuch und Einlieferung in die Psychiatrie. Das deutsche Fernsehen strahlte den Film Mitte der Siebziger aus. Damals eine mutige Pioniertat.

Das Kuckucksei

Autor Harvey Fierstein übernahm selbst die männliche Hauptrolle in diesem tragisch-brüllkomischen Streifen. Unverkrampft bringt er alle facetten schwuler Problematik aufs Tapet. Anne Bancrofts zeternde Interpretation der „jiddische Momme" hätte einen Oscar verdient.

Mein wunderbarer Waschsalon

Daniel Day-Lewis als schwuler Punk, der ausgerechnet einen Pakistani liebt. Gemeinsam ertrotzt das ungleiche Paar sich, über alle kulturellen, wirtschaftlichen und sonstigen Barrieren hinweg, sein kleines Glück.

Nicht der Homosexuelle ist pervers, sondern die Situation, in der er lebt

Heute würde man sagen: *... sondern die Klamotten, die er trägt.* Rosa von Praunheims bekanntestes Werk kam 1971 in die Kinos, als die schwule Emanzipation bei uns gerade anfing. Als historisches Dokument ein Muß.

Sunset Boulevard

Parabel auf die Aussichtslosigkeit von Frischzellenkuren, die in Form junger Männer verabreicht werden. Göttlich: Gloria Swanson und ihr Mut zur Selbstverulkung.

Taxi zum Klo

Frank Ripplohs vieldiskutierte Low-Budget-Produktion um eine Berliner Trümmertunte mit Lehramt und übertrieben häuslichem Freund machte Anfang der 80er auch in den USA Furore. Heutzutage bricht der Film eigentlich nur noch mit seinem Mut zur Häßlichkeit ein Tabu.

The Times of Harvey Milk

Harvey Milk, offen schwuler Stadtrat in San Francisco, wurde 1978 ermordet. Die oscargekrönte Dokumentation schildert das Leben des Pioniers schwuler Emanzipation. Ein Mann, dessen Kampf unserer Freiheit galt.

Victor/Victoria

Gemeint ist das Hollywood-Remake von 1979. Die Parisreise eines Chicagoer Gangsters entwickelt sich zum bizarren Abenteuer: Der Hetero verliebt sich in einen Mann, der sich zwar letztendlich als Frau herausstellt – aber (fast) alle anderen sind schwul. Köstlich!

Westler

Einer der wichtigsten Schwulenfilme deutscher Produktion: Felix liebt Thomas, doch zwischen beiden steht die Berliner Mauer. Hervorragend geführte Laiendarsteller, heimlich fotografierte Aufnahmen aus Ost-Berlin und Prag, weltweite Anerkennung von Kritik und Publikum.

L'Allemagne nixe Pünkten
TV-Kultsendungen

Nicht nur die Leinwand, auch der Fernsehschirm übt mitunter eine ganz besondere Anziehungskraft auf schwule Männer aus. Ist z.B. der *Grand Prix Eurovision de la Chanson* als ernstgemeinte Veranstaltung unerträglich – durch die rosa Brille gesehen, nimmt er grandiose Konturen an: Als Gesamtkitschwerk mit eingebauter Selbstverarschung. Europaweit wird das mit

Wer ist das Flittchen? Dorothy, Blanche, Rose und Sophia.

schwulen Schlagerpartys gefeiert. Beim *Oscar* sitzt der Schwule sogar mitten in der Nacht vor der Glotze. Andere Männer würden das nur für Henry Maske oder Boris Becker tun. Wir tun es für den Glamour *made in Hollywood*.

Als das „Jahrzehnt der Seifenoper" werden die 90er Jahre in die TV-Geschichte eingehen. Viel dürftig aufgeschäumte, trübe Brühe wird uns da ins Wohnzimmer geschwemmt, aber auch einige Kabinettstückchen. Es sind die geist- (und gift-)reichen Dialoge, an denen sich das schwule Herz erfreut. Und immerhin, von *Golden Girls* über *Roseanne* bis *Absolutely Fabulous* werden auch schwule Themen aufgegriffen – ob behutsam problematisiert oder drastisch verhohnepipelt.

Aus der rasant gestiegenen deutschen Produktion von *Daily Soaps* ist bisher leider wenig Vergleichbares hervorgegangen. Zwar wimmelt es bei der *Verbotenen Liebe* im *Marienhof* am *Wildbach* von gutaussehenden jung-männlichen Darstellern. Die Dialoge aber bleiben grausam betulich. Seien wir froh, daß es bei uns wenigstens gute Synchronstudios gibt!

Ganz was anderes!
Fünfzehn Bücher für jedes schwule Regal

Trotz aller Bemühungen der Kino- und Fernsehindustrie: Noch immer kommen weit mehr Bücher als Filme auf den Medienmarkt. Die Literatur von Schwulen für Schwule steckt aber indes noch in den Kinderschuhen. Über mehr oder weniger schlecht kaschierte Pornos sind wir immerhin hinaus. Die gezielte Förderung schwuler Nachwuchsautoren wird uns in Zukunft sicher mehr Qualität bescheren. Aber wann kommt der erste schwule Literaturnobelpreis? Die folgenden Titel sind auch ohne diese Auszeichnung empfehlenswert:

●◆ Berlins Drittes Geschlecht

„Die zwei Lieblingsbeschäftigungen im Berlin zwischen den Kriegen waren Boxen und Homosexualität", brachte ein zutiefst beeindruckter amerikanischer Tourist das bunte Treiben der Schwulen in den 20er Jahren auf den Punkt. Magnus Hirschfeld, Urvater der deutschen Homo-Emanzipation, geht in diesem Buch wesentlich mehr ins Detail. Ein historisches Dokument — und das geballte „Aha"-Erlebnis: Alles schon mal dagewesen!

●◆ Bullenklöten

Mit diesem Werk schaffte *Schwul Comics*-Pionier Ralf König es endlich, auch die bayerische Polizei von seinen Qualitäten zu überzeugen: Die setzte das brüllkomische Bilderbuch auf den Index. Das weckt womöglich allzu hochgesteckte Erwartungen — natürlich handelt es sich keineswegs um „Pornographie". Sondern um eine ideale Lektüre für die Lach-Haft.

●◆ Das erste Mal

Begleiten wir Baby Neumann, den „Heinz Sielmann der Homosexuellen", auf seinen Expeditionen ins schwule Lehrreich. Scharf beobachtet, noch schärfer erzählt, ein echter Brüller. Die Fortsetzung *Ganz was anderes!* ist vielleicht noch besser.

❧ Der Tod in Venedig

Tatsache: Thomas Manns schwulen Schmacht-Klassiker gibt's auch zum Lesen! In diesem Buch liegen die Ursprünge der homoerotischen Literatur des 20. Jahrhunderts. Der alternde Herr Aschenbach kommt nach Venedig, verfällt mit Haut und Haaren einem knusprigen Bürschchen namens Tadzio und erliegt schließlich der Cholera. Seufz!

❧ Einzelgänger

Der Brite Christopher Isherwood schenkte uns Klassiker wie *Goodbye Berlin*, die Romanvorlage zu *Cabaret*, und selbstgefällige Schwafeleien wie *Christopher und die Seinen*. Der *Einzelgänger* gehört klar zu Isherwoods Besten: Eine faszinierende schwule Persönlichkeit, fesselnd beschrieben.

❧ Ganz normal anders

Jürgen Lemke hat in diesem Buch Erlebnisberichte von und Interviews mit ostdeutschen Schwulen zusammengefaßt. Zu DDR-Zeiten erschienen, sorgte es zwischen Rostock und Suhl für Furore. Dem schwulen Besserwessi von heute als Pflichtlektüre zu empfehlen!

❧ Heiße Ware

Steht hier exemplarisch für die Werke von Phil Andros, der in den 60er Jahren eine interessante Mischung von deftigem Porno und denkanstößiger Philosophie schuf. Kraftnahrung für Hirn und Hoden.

❧ Ich bin meine eigene Frau

Die Memoiren der Charlotte von Mahlsdorf, berühmteste Schwule des untergegangenen Arbeiter- und Bauernstaates, Bundesverdienstkreuzträgerin und Gründerzeitmuseums-Stifterin. Sie hockte nicht träge auf dem „anderen Ufer", sondern schwamm ihr Leben lang gegen den Strom.

❧ Jim im Spiegel

Eine der besten Coming-out-Geschichten überhaupt. Inger Edelfeld schuf damit ein wichtiges Buch für jeden jungen Schwulen.

●◆ Man alive! und Working out
Körperpflege, Kosmetik, Garderobe, Fitneß ... geballte Schön-heitstips von Charles Hix, mit abendfüllenden Männerfotogra-fien von Ken Haak. *Der* Ratgeber für harte Muskeln, zarte Haut und feuchte Träume.

●◆ Rosa Winkel
Die Verfolgung und Ermordung zehntausender Schwuler im Dritten Reich ist eines der schwärzesten Kapitel in der Homo-Geschichte. Der im Exil lebende Deutsche Richard Plant ver-faßte diese Studie wider das Vergessen.

●◆ Spätere Heirat ausgeschlossen
taz-Kolumnistin Klaudia Brunst entführt uns mit ihren „Geschich-ten aus einem gleichgeschlechtlichen Paradies" in eine unvorstell-bar bizarre Welt, bevölkert von Frauen, die Frauen lieben ... Der Gedanke mag widernatürlich erscheinen. Um so mehr ein Buch, das Mauern einreißen und Gräben zuschütten kann. Ganz so fremd sind uns die geschilderten Zustände ja denn doch nicht.

●◆ Schweine müssen nackt sein
Vom pfälzischen Provinzmief zum Berliner Metropolenpief ... der Aids-Aktivist Napoleon Seyfarth hat den schillernd-bunten Werdegang eines deutschen Durchschnittshomos humorvoll zu Papier gebracht. Geballter Wiedererkennungswert.

●◆ Schwul, na und?
Anfang der 80er Jahre erschienen, war dies das unentbehrliche Standardwerk fürs Coming-out. Heute ist es die ideale Ergän-zung zu Kapitel zwei dieses Buches. Ich weiß, ich weiß — Eigenlob stinkt ...

●◆ Wie man's macht
Die Herren Maydorn, Scheffler und Vollbrechtshausen haben sich zu einem flotten Dreier zusammengetan, um dieses Ein-maleins schwuler Sexpraktiken zu verfassen. Ist so ein Nach-schlagewerk überhaupt nötig? Aber ja doch! Merke: *Wollen* tun sie alle, aber beim *Können* hapert's oft erheblich.

Dies Bildnis ist bezaubernd schön
Oper, Operette, Musical

Ist es der festliche Rahmen? Sind es die Roben der Damen? Die hohe Kunst, das hohe C, der hohe Prestigewert? Sehen und Gesehenwerden? Ein bißchen von allem, und noch viel mehr.

Auf der Opernbühne erleben wir eine Welt, in der allein das Gefühl zählt. Und dieses Gefühl ist immer sehr, sehr groß, sitzt ausgesprochen tief und vermittelt sich in dramatischen Gesten und Gesängen. Wie von niemandem sonst fühlt sich der Schwule von den liebenden und leidenden Heldinnen verstanden. Sie fühlen wie er, und sie schreien ihr Seelenleben hemmungslos hinaus.

Natürlich empfinden wir nicht wirklich so opernhaft. Aber in einer auf schnöden Funktionalismus gequälten Realität ist die tragische Liebesarie (oder der glamouröse Fummel in Größe 54) ein herzerfrischendes Gegengewicht zum gefühlskalten Alltag. Schmelz!

Operette und Musical kommen meist weniger dramatisch, dafür oft ausgesprochen witzig daher. Schwule lachen gerne, nicht nur wegen des damit verbundenen Bauchmuskeltrainings. Außerdem schätzen wir, wie bei der Oper, den grotesken Pomp der Ausstattung – und die gutgebauten Männer im *Corps de ballet*.

„.... bevor wir uns kennenlernten, hielt Karl den *Ring* für ein Teil der Stadtautobahn."

Somewhere over the Rainbow
Schwule Göttinnen

Judy Garland, Marlene Dietrich, Trude Herr – Göttinnen schweben am Himmel über Millionen Schwulen. Sie werden geliebt, mitunter kultisch verehrt. Sie werden unablässig zitiert, zelebriert und parodiert. Glanz tritt in unsere Augen, wenn wir ihnen huldigen. Sie geben uns Mut, Kraft und Trost. Sie sind ein Teil von uns.

> Ich bin ja eine Frau aus Fleisch und Blut. Die Göttinnen des Schwulenmilieus sind das nicht.
> *Alice Schwarzer*

Die schwule Göttin ist eine Projektion unserer Seele, meist verkörpert von einer Frau aus dem Showgeschäft. Nicht umsonst hat die Traumfabrik Hollywood viele von ihnen hervorgebracht. Die Studios hätten neben all den Macho-Helden für Heteromänner auch ein paar positive schwule Identifikationsfiguren schaffen können. Sie taten es nicht. Aber sie schufen den Vamp – die starke, selbstbewußte, verführerische, geheimnisvolle Frau. Eine Frau, deren Zelluloid-Universum den Träumen und Realitäten der schwulen Welt so nah ist. Die fühlt, liebt, leidet, gewinnt und verliert wie wir. Ein weibliches Über-Ich in Technicolor.

Werden die schwulen Göttinnen eines Tages aussterben, wenn die Medien uns immer mehr auch schwule Leitbilder anbieten? Kann der *Cool Water*-Mann eine Marlene ersetzen? Oder werden Schwule auch in Zukunft geheime Wünsche haben, die nur eine Göttin zu erfüllen vermag?

Maria Callas, die Göttin der dramatischen Geste

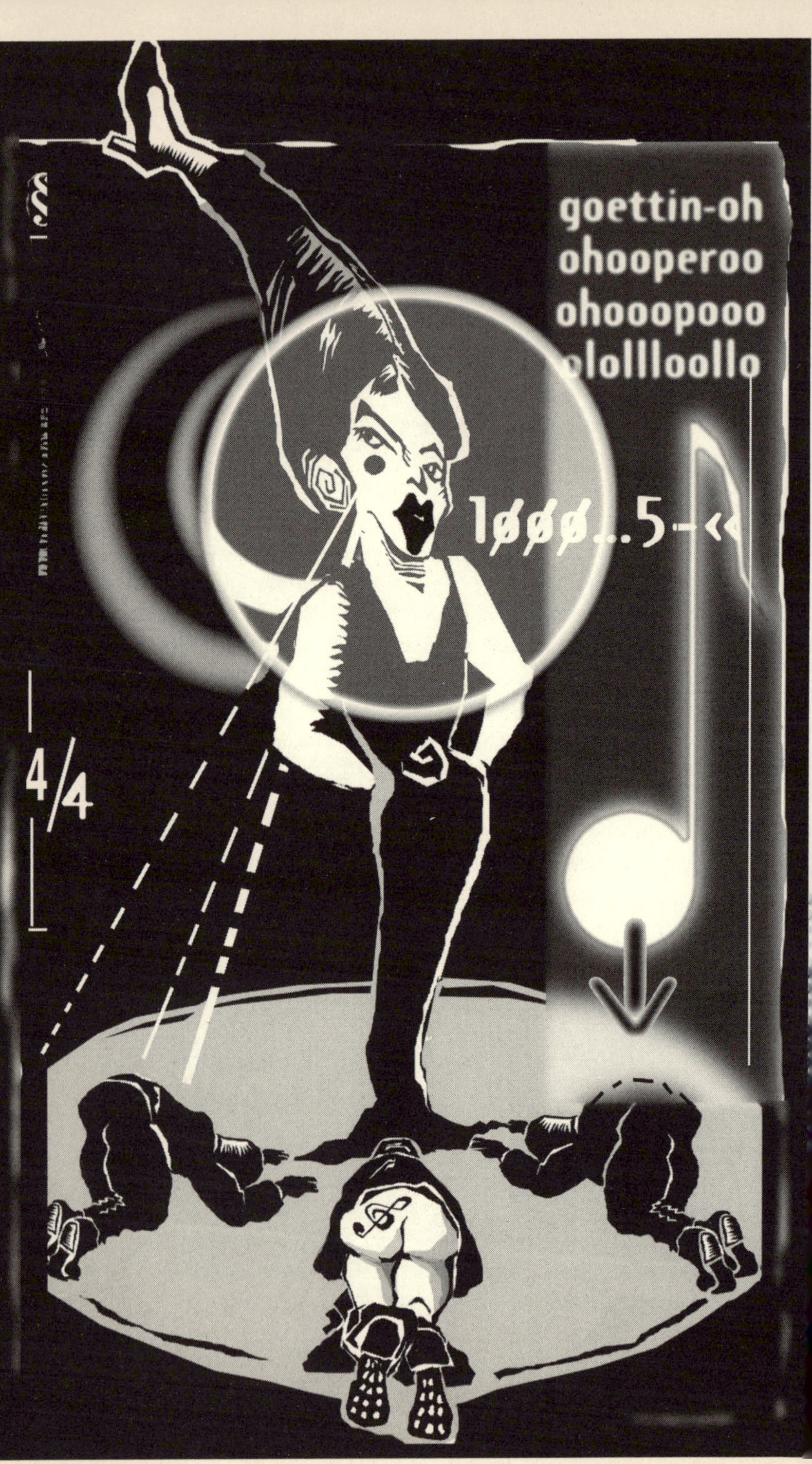

Glanz und Gloria
Göttinnen im schwulen Olymp

... und was sie dorthin brachte. Wichtiger Hinweis: Die Auswahl erhebt *keinen Anspruch auf Vollständigkeit*! Die Reihenfolge ist rein alphabetisch und beinhaltet keinerlei Wertung!

Maria Callas
Funkensprühendes Temperament, blitzende Augen, große Gesten. Und Stimme.

Cher
Schön wie der Chirurg sie schuf – und trotzdem *so menschlich*.

Joan Crawford
Dschungelrote Krallen und Augen, die wie Scheinwerfer an einem Mann rauf und runter gleiten.

Bette Davis
Anziehend wie ein Magnet, aber hart wie Stahl. Sie sprach aus, was andere nicht mal denken mochten – und lächelte dabei.

Marlene Dietrich
Die perfekte Inszenierung. Der Mythos an sich. Die Frau, die jeden haben kann, aber den Einen mit Leib und Seele liebt.

Judy Garland
Das zerbrechliche, verwirrte, unglückliche Kind. Das Versprechen vom wunderbaren Land hinter dem Regenbogen.

Helga Hahnemann
Schnauze mit Herz. Nahm als Stimmungskanone jeden Mißstand aufs Korn und schoß Lachsalven bis ins Politbüro.

Trude Herr
Von der Natur stiefmütterlich behandelt, erkämpfte sie sich mit Witz und Biß ihren Weg durch alle Schwierigkeiten und Sahnetorten des Lebens.

Grace Jones

Die androgyne schwarze Venus traf mit *Slave to the Rhythm* den schwulen Zeitgeist Mitte der 80er Jahre: Der Tanz auf dem Vulkan, ein Aufschrei der Lebenslust im Angesicht des Todes.

Hildegard Knef

Sünderin, Mater dolorosa, Femme fatale und Schwulenmutti.

Zarah Leander

Ich weiß, es wird einmal ein Wunder geschehn ist schwule Sehnsucht im Ultrakonzentrat. Später ging sie als ihre eigene Parodie auf zahllose Abschiedstourneen. Welche Diva sonst würde *Mich hat die Welt kaltgestellt* singen?

Inge Meysel

Mutter der Toleranz; mit allen Wassern gewaschen, leidgeprüft, doch ungebeugt.

Bette Midler

Die Diva aus der Dampfsauna. Respektloser Witz, unglaublicher Hüftschwung, sprühende Lebensfreude. Wie eine Tunte mit Turbo.

Nana Mouskouri

Ihr Gesang bahnte den Weg in unsere Herzen — als Playback zu unzähligen hinreißenden Parodien.

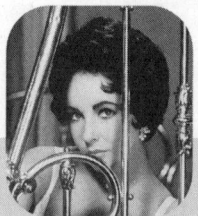

Dolly Parton

Wie immer man zu Country steht – ihre *Islands in the Stream* sind jedenfalls die besten. Genau wie ihre falschen Titten und ihre hypertoupierte, platinblonde Perücke.

Marianne Rosenberg

Er gehört zu mir. Das genügt.

Hella von Sinnen

Die lesbische Antwort auf „Karlsson vom Dach". Ohne Propeller, dafür mit *Tchakka, Tchakka.*

Barbra Streisand

Diese Nase! Diese Stimme! Diese Augen! Ein Ozean der Gefühle. Ein loses Mundwerk. Pfundweise echte Klunker.

Liz Taylor

Noch mehr, und vor allem *größere*, Klunker als die Streusand. Entwickelte sich zur schwulen Mondgöttin: Mal zunehmend, mal voll, dann abnehmend, und immer wieder neu...

Tammy Wynette

Respekt, Respekt für eine Frau, die nach so vielen gescheiterten Ehen ausgerechnet *Stand by your Man* komponierte.

Ralf König

Der Erzähler schwuler Bildergeschichten avancierte unerwartet (und zum Teil auch unfreiwillig) vom Insider-Tip zum Unterhalter für die ganze Familie. Sein Beitrag zur schwulen Lebensart, als Bereicherung und Spiegelbild gleichermaßen, ist aber auch durch die Mainstream-orientierte Verwertungsindustrie nicht kaputtzukriegen. Sollen doch ruhig auch die Heten über Ralfs knollennasige Kapriolen lachen – wirklich *verstehen* können nur die Schwulen seine Botschaft!

Dann mach ich mir 'nen Schlitz ins Kleid

Schwule Lebensart

▷ *„We are different!"* Ein Aufschrei aus Millionen Raver-Kehlen verkündet das Motto der 90er Jahre. Anders sein ist angesagt! Und wir Schwulen sind die Trendsetter. Statt wie einst verfehmt oder ignoriert, werden wir plötzlich regelrecht hofiert. Die Medien preisen hochglänzend und bunt unseren Lebensstil. Die Marketingexperten vernebeln unsere Sinne mit göttlichen Männern und den zugehörigen Riechwässerchen. Die Lifestyle-Industrie kopiert unsere Moden. Es schwult von *Levi's* über *Lagerfeld* und die *Lindenstraße* bis *liebe sünde*. Das gesellschaftliche Getto ist aufgebrochen.

> Ohne Abweichung von der Norm ist Fortschritt unmöglich.
>
> Frank Zappa

Endlich werden wir Schwulen gebührend zur Kenntnis genommen. Man beneidet uns sogar: „Leben Schwule besser?" fragt verstört *Focus* (12/1996) und erklärt: „Die 90er Jahre sind das Jahrzehnt der Homosexuellen." Wer allerdings wirklich zur „Info-Elite" gehört, wird die gesellschaftliche Entwicklung der letzten Jahre weniger euphorisch resümieren: Der wahre Durchbruch wäre ein offen schwules Regierungsmitglied oder wenn sich im Werbefernsehen zwei *Cool Water*-Männer leidenschaftlich küssen würden. Dann könnten wir von echter gesellschaftlicher Akzeptanz sprechen. Momentan erleben wir bestenfalls Toleranz. Und vielleicht ist es nicht mal die: Liebt man uns nur als Konsumenten? Schätzt uns als Multi-Kulti-Clowns für ein amüsiergeiles Mainstream-Publikum? Verkennt uns als Modeerscheinung? Moden ändern sich!

Wer wüßte das besser als wir, die unerschöpflichen Quellen immer neuer letzter Schreie? Wir haben die Chance genutzt, der (westlichen) Welt einen schwulen Stempel aufzudrücken, den sie sich so leicht nicht wieder von der Backe wischen kann. Doch wäre es viel zu kurz gegriffen, unseren Lebenswandel als Lifestyle abzutun. Nicht alles läßt sich in Boutiquen verkaufen. Was wir betreiben, ist Lebensart – im Sinne von *Kunst!*

Diese Kunst setzt sich aus vielen Künsten zusammen, zu denen uns Schwulen ein besonderes Talent angeboren ist. Die Kunst der grotesken Überhöhung (nicht nur von Turmfrisuren), die Kunst der intelligenten Wiederverwertung (nicht nur von Omas Abendkleid), die Kunst der treffenden Bemerkung (nicht nur oberhalb der Gürtellinie) – um nur einige zu nennen. Wir haben halt den Blick für das Wesentliche, und uns fällt ganz bestimmt etwas Originelles dazu ein. Was immer wir Schwule anfassen, wir werden es gründlich umkrempeln, gegen den Strich bürsten und ein Maximum an Geist, Witz und Glamour herausholen.

Schwule Chöre etwa machen nicht unbedingt durch ihren Gesang von sich reden, aber sie haben ihn schon lange vor *Sister Act* mit witzigen Kostümen und Choreographien garniert. Ihre Bühnenshows setzen manchen braven Liedertext in ein völlig neues Licht – von *„Berliner Jungens, die sind richtig"* bis *„I will follow him"*.

In schrägen Tuntenkabaretts konnte die „Kleinkunst" lange magere Jahre überstehen. Wir Schwulen labten uns an durchgeknallten Parodien und Performances, als an den heutigen Boom dieser Gattung noch nicht zu denken war. Die *Familie Schmidt* in Hamburg oder Bockmeyers *Filmdose* in Köln, das war Subkultur. Heute traut sich sogar das Fernsehen in die erste Reihe.

Die schwule Muse erschließt indes immer neue Bereiche. Mal *fährt ein Zug nach Nirgendwo* und zieht dabei alles, aber auch alles durch den Kakao (vor allem den Autor Christian Anders, der aber anders sein plüschiges Singspiel nie auf einer Bühne gesehen hätte). Mal greifen Männer zu überdimensionalen Staubwedeln und entwickeln als schwule Cheerleader diesen Sport zu einer neuen Form der Revue. Sogar einer Klofrau können Schwule noch etwas künstlerisch Wertvolles abringen – z.B. als Fee auf Rollschuhen.

Mann, bist du klasse!
Neun Dinge, die jeder Schwule können sollte

I   **Anderen zuhören.** Das kann schwerfallen, aber du solltest es wenigstens versuchen. Der beste Weg, jemandem näherzukommen, ist nicht, ihm ununterbrochen von dir zu erzählen, sondern ihn von sich erzählen zu lassen.

II   **Mindestens eine Sportart betreiben.** Egal welche. Kenntnis der Regeln und wichtiger VertreterInnen gibt Stoff für manchen Smalltalk. In vielen Sportarten steckt außerdem enormes modisches Potential.

III   **Mindestens drei verschiedene Cocktails mixen.** Möglichst von der Sorte „Matt (-ratze) in vier Zügen".

IV   **Mindestens eine gute Mahlzeit kochen.** Und zwar ohne Tüten, Dosen, Tiefkühlkost und Mikrowelle. Du willst dich doch nicht vor deinen Freunden blamieren?!

V   **Die korrekte Aussprache und Schreibweise wichtiger französischer Vokabeln kennen.** Wie z. B. *moi, Veuve Clicquot, je ne sais quoi* und *n'est-ce pas* – oder wenigstens fließend „Menüfranzösisch" sprechen.

VI   **Geistreiche Konversation machen** (oder zumindest verstehen). Solange du aussiehst wie ein junger Gott, ist das entbehrlich. Aber nur dann!

VII   **Auf dumme Bemerkungen schlagfertig antworten.** Nur beim Sex ist es sinnvoll, die andere Backe hinzuhalten.

VIII   **Ein intelligentes Geschenk machen.** Etwas, das der Empfänger wirklich gerne mag oder gut gebrauchen kann, das obendrein originell ist und witzig verpackt.

IX   **Ein Kondom überstreifen.** Auf Sex mußt du nicht verzichten, auf Risiken schon.

Puschel-Performance: Schwule Cheerleader (hier die Kölner *Pink Poms*) machen das Wedeln zum Ereignis.

Come together
Partys, Treffs und Kaffeekränzchen

„What good is sitting alone in your room?" Miss Sally Bowles alias Liza Minelli bringt's auf den Punkt: Wer nur zu Hause hockt, statt seinen Arsch gelegentlich unter Leute zu bewegen, wird allmählich zum Gemüse. Die Amerikaner nennen das folgerichtig *Couch potato*. Einem Schwulen kann so etwas kaum passieren. Wir gehen gerne aus – und oft. Oder wir laden Freunde zu uns ein, halten Kaffeeklatsch, servieren ein opulentes Abendessen. Soziale Kontakte sind lebenswichtig.

Wie sonst könntest du die neuesten Nachrichten erfahren (oder verbreiten), wie sonst dein neuestes Outfit herumzeigen (oder deinen neuesten Lover)? Nur durch regelmäßige öffentliche Auftritte kannst du sicherstellen, daß du im Gespräch bleibst. Und umgekehrt kannst du nur so verhindern, daß sich alle Welt über dich das Maul zerreißt.

Klatsch ist etwas Wunderbares, solange man ihm nicht selbst zum Opfer fällt. Allerdings muß sich ein Schwuler, über den tatsächlich *gar nicht* geklatscht wird, auch so seine Gedanken machen: Ist er derart uninteressant? Beneidet – oder begehrt – ihn denn niemand? (Schluchz!) Dagegen sollte er schleunigst etwas unternehmen. Ein gekonnter Amateur-Strip auf dem nächsten Teadance, und die Tunten werden sich seinen Namen merken.

Natürlich dient Klatsch nicht nur der Diskreditierung unliebsamer Personen oder zur öffentlichen Aufwertung des eigenen *Moi*. Vor allem werden wichtige Informationen ausgetauscht: Wer mit wem (wann wie wo was), die neue Frisur von Kurt (schick), der neue Freund von Dieter (bedauernswert), die letzte Party bei Fritz (genial) oder die jüngste „Eroberung" von Erik (Ha-ha-ha). Alles Erkenntnisse, die du gut gebrauchen kannst – zumindest als Munition für den nächsten Klatsch.

Tolle Frisur. Schade, daß die so gar nicht zu ihr paßt.

Im Laufe der Zeit werden Hund und Herr einander immer ähnlicher.

PARTY

Igittigitt, die Matte muß doch total verfilzt sein!

Tut das denn nicht weh?

Eine nette Beule. Die würde ich auch gerne mal anfassen!

Ja. Ein nettes Mädel – die werde ich auch gleich mal ansprechen.

Da fallen dir doch bestimmt die letzten Haare auch noch aus!

... und dann vom Haaransatz her aufbürsten ...

Noch fünf Minuten mit dieser Öko-Schlampe, und ich werde impotent!

Die beiden versteh'n sich ja anscheinend prächtig.

Halt die Klappe, Rose!
Das schwule Zitatenschatzkästlein

... ist in Wahrheit eine riesige Truhe, in der wir seit Jahrzehnten emsig Perlen gesammelt haben. Nicht überall waren sie so reichlich zu finden wie bei den *Golden Girls* oder anderen *Frauen*. Um so gründlicher suchen wir die Welt nach guten Sprüchen ab. Verwendungsmöglichkeiten gibt es immer. Eine winzige Auswahl:

☐ „Dr. Bob, Dr. Bob, der Patient atmet nicht mehr!" (aus *Die Muppetsklinik*) – paßt in manche Tote Hose.

☐ „Wenn ich nicht betrüge sie, sie betrügen mich!" (aus *Eins - zwei - drei*) – Finanzamt?

☐ „Mein Körper wird 'ne leistungsfähige Maschine." (aus *Die unglaubliche Entführung der verrückten Mrs. Stone*) – eine sportliche Durchhalteparole.

☐ „Das ist ja mein Mann!" (auch aus *Die unglaubliche Entführung...*) Im Darkroom ein echter Brüller!

☐ „Soll ich meine Herz-Lungen-Maschine verkaufen, damit ich meine Rechnungen bezahlen kann?" (aus *Immer Ärger mit dem Typ*)

☐ „Anything you can do, I can do better!" (aus *Kiss me Kate*) – paßt nicht immer, aber immer öfter.

☐ „Nichts kann so widerlich sein wie eine alte Tucke, die einen Schnupfen hat." (aus *Victor/Victoria*)

☐ „Ich kann leider nicht leben ohne dieses Gerät!" (aus *Spaceballs*) – begründet 20 kg Übergepäck beim Check-in oder den häßlichen Heimtrainer im Salon.

❏ „Rocky!" (aus *The Rocky Horror [Picture] Show*) – paßt z.B. beim Anblick leichtgeschürzter blonder Athleten.

❏ „Du willst die Situation ausnutzen. Tu's!" (aus *Das Kuckucksei*) ... du leichtgeschürzter blonder Athlet ...

❏ „Kinn hoch!" „Ganz richtig, am besten beide!" (aus *die Frauen*)

❏ „Ich leg' ein bißchen mehr Mascara auf." (aus *La Cage aux Folles*) ... falls noch was draufpaßt.

❏ „Ich war mir nicht sicher – aber es fühlte sich dünner an." (schon wieder aus *Die Unglaubliche Entführung*)

❏ „Magic!" (aus *Out of Rosenheim*)

❏ *„Tits and ass won't get you jobs unless they're yours."* (aus *A Chorus Line*) Wie wahr, wie wahr!

❏ „Holt mir ein Beruhigungsmittel! Und bitte, gießt auch Gin hinein!" (aus *Die Frauen*)

❏ „Gott sei Dank bin ich clean. So bin ich in der Lage, diese Kette von Demütigungen so richtig bewußt wahr-zunehmen!" (aus *Grüße aus Hollywood*)

❏ „Genossen – wir tun es!" (aus *Eins - zwei - drei*)

❏ „Noch mal!" (aus *Die Dinos*)

PARTY OUT OF BOUNDS

Gigantisch: Gay Pride Parade in New York City

Inzwischen stellen Schwule in aller Welt so einige Veranstaltungen auf die durchtrainierten Beine, deren schiere Größe den Stinos die Sprache verschlägt. Mal ganz abgesehen von den phantasievollen (oder superknappen) Kostümen und der ungenierten Fröhlichkeit. Das *Fantasy Fest* in Key West, die *Gay Pride Parade* in New York oder San Francisco, der *Gay and Lesbian Mardi Gras* in Sydney oder New Orleans, der CSD in Köln, die *Love Parade* in Berlin und der *Koniginnedag* in Amsterdam legen ganze Städte lahm. Was heißt lahm? Im Gegenteil: Endlich wird mal so richtig alles aufgemischt! Und immer mehr vermischen sich hier Schwule, Lesben und fortschrittlich denkende Heteros zu einer Einheit, in der endlich nur noch das Menschsein zählt.

Gerade die Ausschweifungen beim *Christopher Street Day* werden dennoch von manchen unserer Schwestern kritisiert. Ihnen fehlt der politische Anspruch, wenn zwar hier und da ein Transparent auftaucht, die Mehrheit sich aber zu lauten Rhythmen mit Sekt besäuft. Ist das massenhafte Auftreten von Schwulen in den bürgerlichen Einkaufsmeilen schon politische Demonstration genug? Oder müssen wir unbedingt Kampflieder singen?

Politisch Lied, ein garstig Lied?
Polit-Schwestern

Zu Unrecht rümpft die Hedonistenfraktion ihre gepuderten Nasen, wenn von unseren politisch aktiven Schwestern die Rede ist. Vielleicht nicht immer ganz zu Unrecht. Wenn ein indirektes Spaßverbot gefordert wird, geht der Fundamentalismus denn doch zu weit. Aber eines dürfen wir nicht vergessen: Den rosaroten Barrikadenkämpfern haben wir es letztlich zu verdanken, daß wir heute so ungeniert unseren Spaß haben können!

> Brüder und Schwestern, warm oder nicht, Kapitalismus bekämpfen ist unsere Pflicht!
>
> *Transparent auf der ersten deutschen*
> *CSD-Demonstration 1972 in Münster*

Das Beispiel Aids zeigt, wie gefährlich eine schleichende Entpolitisierung der Szene auf Dauer ist. Wären nicht Hunderttausende auf die Straße gegangen, kein Mensch hätte sich bemüßigt gefühlt, irgend etwas gegen die Seuche zu unternehmen. Jedenfalls, solange ihr „ja eh nur Schwule" zum Opfer fielen. Ein wenig mehr gegenseitiges Verständnis zwischen Polit- und anderen Schwestern wäre also schon angebracht. Man kann auch fröhlich *und* politisch sein.

Selbst bei Beerdigungen wird Flagge gezeigt.

Sweet Charity
Soziales Engagement

Aus nackter Not geboren, wurde soziales Engagement zu einem festen Bestandteil der schwulen Lebensart. Sichtbarer Ausdruck ist die rote Schleife. Dieses Symbol der Solidarität ist inzwischen auch von Oscarverleihungen und *Grand Slam*-Turnieren nicht mehr wegzudenken — wozu vor allem die Heten Liz Taylor und Arthur Ash beigetragen haben.

Die „Schwestern der perpetuellen Indulgenz" sammeln Geld gegen Aids.

In Projekten und Vereinen, auf Benefiz-Partys und zu Hause in aller Stille praktizieren schwule Männer aktive Nächstenliebe ohne sexuelle Hintergedanken. Sie opfern viel Zeit, Geld und nicht selten auch ein Stück ihrer Seele, um anderen zu helfen. Wenn du dich nicht zu dergleichen selbstlosem Einsatz entschließen kannst, dann stecke wenigstens ab und zu einen Schein in die schwule Spendensau. Danke!

Darf ich „Sie" sagen?
Die verbale Verweiblichung

Falsch ist, daß Schwule sich als Frauen fühlen. Richtig ist, daß wir mit unserer Männlichkeit anders umgehen als unsere Hetero-Geschlechtsgenossen. Nein, du blöde Kuh, mit Männlichkeit ist *kein* Körperteil gemeint!

Pardon — aber eine *blöde Kuh* werfen Schwule sich öfter mal an den Kopf. Das ist fast immer lieb gemeint, nur eben typisch schwul. Wir sagen auch gerne *sie* und meinen *er* — keineswegs nur bei mädchenhaften Typen. Auch das ist keine Beleidigung. Falls wir jemanden beleidigen wollen, sagen wir einfach *es* zu ihr! Wenn uns danach ist, verweiblichen wir gnadenlos einfach alles. Das ist unser Beitrag zum Untergang des Patriarchats.

Die Schaffung klangvoller Tuntennamen haben wir sogar zu einer eigenen Kunstgattung gemacht. Besonders beliebt sind mehrdeutige Verballhornungen mit Multikulti-Klang:

▷ FRANZÖSISCH

Brigitte Partout, France Geil, Mireille Malheur (oder Adieu),
Annie Malle, Marie A. Tolett, Solange Vie-Possible,
Jeanne d'Arm, Florence de Biel, Ella Pahônte.

▷ ENGLISCH

Frieda Stare, Sofonda Peters, Ivana Tramp (oder Dump),
Miss B. Hayving, Chicken McNacked, Hedda Poppers,
Betsy Bargain, Victoria Secret, Mary Goround, Doris Gay.

▷ ITALIENISCH

Lisa Tussi, Renata al Gusto, Lucia di Tremolo, Nina Bitchi,
Mascara Blondini, Rita Matrone, Lucetta Cazzo, Picobella
Gummi, Trulla Caputti, Laura Bigotti, Gianna Pannini.

▷ SPANISCH

Dolores del Dildo, Carmen Veranda,
Notenga Morales, Bonita El Urinal, Tocamé
los Cochones, Phimosa la Playa, Bella Taco,
Monsterrat Kanapee, Esmeralda Freixenet
(sprich *Fräg-se-net*).

▷ SLAWISCH

Olga Diwanowa, Tamara Jackoffsky, Vera
Strapslaska, Schlawina Davidoffa, Danuta
Strychninski, Ludmilla Pornofski.

▷ GEMISCHTWAREN

Liselotte Puller, Brigitte Horny, Maria Phal-
lus, Lola Monströs, Nastassia (oder Nasty)
Kinky, Suzie Wrong, Quicky (oder Ficki)
Leandros, Amanda Gier, Priscilla Preßluft, Wanda Pokal.

So schöne Namen kannst du auch selber bauen. Überschätze
jedoch nicht die Sprachkenntnisse deiner Mitschwestern: Wort-
spiele z.B. in Finnisch oder Kisuaheli funktionieren nur vor Ort!

> Manche fragen mich immer: „Soll ich ‚er' oder ‚sie' zu dir sagen?
> Und ich erwidere: „Ist doch egal, Liebes. Hauptsache, du sagst über-
> haupt was zu mir."   RuPaul

Unbeschreiblich weiblich
Grundkurs Fummel

Lassen wir den Worten Taten folgen: Auf die Stöckel, fertig, los! Am Anfang steht die Entscheidung, was es werden soll: *Glamour drag* oder Trümmertunte? Ersteres bedeutet mehr Aufwand, letzteres mehr üble Nachrede.

Körperbehaarung

Rasur ist Streß für die Haut — vor allem da, wo ungewohnt. Es drohen Pickel, Gänsehaut (erstaunlich, wie sehr die paar Härchen das Bein warmhalten), Schnittwunden. Am besten schon eine Woche vor dem großen Tag rasieren und dann am Vorabend nochmal. Viele Schwestern lassen Bart und Brustbehaarung auch stehen.

BH

Billig darf, stabil muß. Übertreib es nicht bei der Körbchengröße. Wenn du zuviel hineinstopfen mußt, um die Dinger voll zu kriegen, wird dein Busen zum Bauchnabel rutschen.

Kleid

Am besten Flohmarkt oder Secondhand. Achtung, echte Frauen haben komische Figuren: Was dir an den Schultern paßt, wird wahrscheinlich überall sonst viel zu weit sein. Wie wär's mit einem Nähkurs auf der Volkshochschule?

Nylons

Unbedingt mit Naht und verstärktem Zwickel! Laufmaschen lassen sich mit einem Tupfen Nagellack stoppen.

Pumps

Nur wenige Fachgeschäfte führen „Übergrößen" ab 40 aufwärts. Zwänge dich nicht gewaltsam rein. Rechne nicht damit, daß sie sich noch weiten. Im Gegenteil! Und wenn du die Dinger nach zweistündigem Stöckeln kurz abstreifst, wirst du erst am nächsten Tag wieder hineinpassen.

2 PUNKT
kandidati
tuntenpu
unten kei
zigpunkta
queenfür
gutbravo
unten kei
zigpunkta
queenfür
gutbravo
kandidati
tuntenpu
unten kei
zigpunkta
queenfür
gutbravo
unten kei
keineperü
perückek
abzutkein

bh?

RICHTIG
rightbravoright

falsch

I. VERSUCH

Make-up

Schweineteuer. Ausborgen oder auf billige Clownschminke ausweichen (sehr gut). Beim Auflegen gilt: Viel hilft viel. Aber bitte den Gesichtspuder nicht dicker als den Busen!

Brille

Why not, Beutelratten? Dann aber auch *so richtig*!

Perücke

Pflicht. Du willst ja nicht als Skinhead O'Connor gehen. Die Perücke kann eigentlich gar nicht bombastisch und blond genug sein. Statt Haaren kannst du auch ein turbanartiges Gebilde aus (billigem) Dekostoff tragen. Wie die alternden Hollywood-Diven.

Schmuck

Billige Kaufhausklunker. Hauptsache groß.

Fingernägel

Lange, grell lackierte Krallen, was sonst. Die kann man fertig kaufen und ankleben. Leim und Ersatznägel immer mitführen!

Handtasche

Kannst du dir z.B. aus der Hülle einer Video-Kaufkassette oder aus einem wattierten DIN-A4-Briefumschlag selbst basteln.

Hüftschwung

Kommt in Pumps von alleine. Es sei denn, du bist steif wie ein Brett.

Garantiert Bügelfrei
Grundkurs Leder

✖ Voraussetzungen: Du solltest deutlich größer sein als 1,60 Meter. Ein Miniatur-Macker wirkt irgendwie lächerlich. Schönheit gilt als eher nebensächlich in der Lederszene, was sie auch zur Zuflucht für die „optisch herausgeforderten" Schwestern macht. Extrem damenhaftes Verhalten ist hingegen äußerst unangebracht (obwohl weit verbreitet). Übe also das Gehen *ohne* Hüftschwung. Die drei Kilo schweren Botten dürften dabei eine große Hilfe sein.

✖ Behaarung: Entscheide dich zwischen den zwei Extremen – entweder Totalrasur, das heißt, *alles* kommt runter, außer vielleicht Augenbrauen und Wimpern. Oder alles wuchert wie der Dschungel am Amazonas. Eine sparkassenzweigstellenleitertaugliche Fönfrisur paßt nicht so recht zum angestrebten Image des harten Kerls.

✖ Grundausstattung: Lederjacke, Lederhose, schwere Stiefel (siehe oben). Ledermütze, möglichst mit Ketten und Wappenvogel (bitte keinen Nazi-Adler!), dazu ein Harness – falls du nicht mickrig oder wabblig bist. In diesem Falle lieber nicht.

✖ Accessoires: Lederhandschuhe, Lederarmband, Lederkrawatte (optional), Lederstrumpf (extravagant), Lederhaut (antik). Verschiedene Sorten Poppers, eine Schwanzring-Kollektion in allen Größen und Materialien, zum Teil mit eingebauten „Schikanen" (Stacheln o. ä.). Vielleicht ein paar schwere Ketten (gibt's preiswert im Baumarkt vom laufenden Meter), Handschellen, Nilpferdpeitsche. Tätowierung und/oder Piercing an allen Stellen, wo es wirklich weh zu tun scheint (Zunge, Eichel etc.).

✖ **Öffentliches Auftreten:** Unbedingt rauchen und viel Bier trinken. Mit tiefer Stimme (üüüben!) *sehr laut* sprechen, dabei zwischendurch immer wieder in schrilles Gekreische verfallen (angeborenes Talent). Lasse dich nicht von der martialischen Verpackung täuschen: Als Lederkerl schwärmt man für Oper und Operette, Zeichentrickfilme und Meißner Porzellan! Du mußt also auch das Schöngeistige kultivieren.

✖ **Besonderer Hinweis:** Meide freilaufendes Rindvieh. Es wird dich ob deines intensiven Geruchs womöglich für einen Sexualpartner halten!

Schneller, höher, weiter
Schwule und Sport

Auch mit Medaillen kann schwul sich was vergolden lassen!

And now for something completely different: Sport gilt als ausgemachte Männersache. Warum das so ist und warum trotzdem ausgerechnet wir Schwulen als unsportlich gelten, bleibt ein ewiges Rätsel unserer Zivilisation.

> Natürlich gibt's auch im Eishockey, Football oder Fußball Homosexuelle (...). Nur das will niemand wissen, an diesem Macho-Image will niemand kratzen.
> *Die 167fache Tennis-Turniersiegerin und bekennende Lesbe Martina Navratilova*

Natürlich lieben wir Sport! Weil er unseren Luxuskörpern den letzten Schliff verleiht. Weil wir im Tennisdreß blendend aussehen. Und weil Fußballerärsche so was Animalisches haben ...

Tatsache: Mancher Schwule ist von Geburt an fußballbegeistert! Der Mann sieht *Ran*, sooft er kann. Und vielleicht wird sein Freund, der anfangs nur aus Solidarität mit zusieht, die subtile Erotik dieser kickenden Tiere entdecken. Besonders interessant ist die Zeitlupe, und davon gibt's ja neuerdings jede Menge! Bei Olympia lohnt vor allem der Blick auf Schwimmer, Turner und Leichtathleten. Dafür steht man auch mitten in der Nacht auf – und erträgt sogar die grausam uninspirierten Kommentare der Hetero-Sportreporter.

Unzählige Schwule weltweit glotzen aber nicht nur, wir treiben auch selbst. Schwimmen ist sehr beliebt (breite Schultern, dicke Titten, heiße Duschen), Radfahren auch (stramme Waden, knackiger Po, außerdem kommt man herum). Und jede beliebige andere Sportart – Schwule gibt's überall, außer beim Damentennis.

> Solche Weltmeisterschaften interessieren mich schon, ich habe viele Spiele gesehen. (...) Argentinien hat Spanien, Brasilien und Italien rausgeschmissen. Und sie haben es nicht verdient, sie haben einen miesen, kleinen Drecksfußball gespielt.
>
> *Georgette Dee freute sich über den deutschen WM-Sieg gegen Argentinien 1990*

Es gibt sogar schwule Spitzensportler und Olympiasieger. Leider fürchten sich wohl viele von ihnen noch immer vor dem Coming-out. Als ob man ihnen die Medaillen aberkennen würde. Aber dann in Pumps für die Werbekampagne eines Reifenherstellers posieren – na ja. Da haben die schwulen Amateursportler sehr viel mehr Mumm bewiesen, als sie die Aufnahme ihrer Vereine in die offiziellen Organisationen erkämpften.

Höhepunkte des schwulen Sports sind die inoffizielle schwul-lesbische Europameisterschaft EuroGames und die Homo-Olympiade GayGames. Ganz im Gegensatz zu den „echten" Spielen steht hier wirklich das Motto „Dabeisein ist alles" im Vordergrund. Was keineswegs bedeutet, daß nicht auch großartige Leistungen erbracht werden.

> Ich kann mir nicht vorstellen, daß Schwule Fußball spielen können.
> *Paul Steiner, Fußballer (kein Kopfballer!)*

Gib's mir, gib's mir
Schwule und Porno

Nicht nur beim Thema Sport klang es an: Wir Schwulen scheinen vom Eros geradezu besessen. Das behaupten jedenfalls genau diejenigen Heten-Spießer, die sich mit wonnevollem Grunzen den *Schulmädchenreport* reinziehen. Natürlich hat Sex für Schwule einen besonderen Stellenwert — immerhin müssen wir deswegen eine Lebensentscheidung treffen. Da wäre es doch schön blöd, ihn nicht auch gebührend auszuleben.

Zum unverkrampften Umgang mit unserer Sexualität gehört eine pragmatische Haltung gegenüber Pornos: Nicht jeder mag sie, aber sie sind ein zuverlässiges Mittel zum Zweck. In Bars und Clubs, Saunen und Sexshops stöhnt es uns pausenlos entgegen. *Fuck me harder* – am liebsten auf der Großbildleinwand!

Mehr als alles andere geraten Pornofilme leicht zum Stoff, aus dem Träume sind. Als jederzeit abrufbare Wichsvorlagen-Reserve kann das sehr praktisch sein. Doch wenn sie unsere Phantasie zu sehr besetzen, wird's vielleicht sogar gefährlich: Wie treiben sie's bei Cadinot — mit oder ohne Gummi? Darf ein Schwanz kleiner sein als der von Jeff Stryker? Das können echte Schicksalsfragen sein!

1996 entstand der erste Techno-Porno.

Holigay
Schwule im Urlaub

Der schwule Erlebnishunger macht natürlich auch vor Länder-
grenzen und Ozeanen nicht halt. Wo andere bloß „abschalten",
wollen wir fremde Kulturen (und vor allem Männer) kennen-
lernen. Dabei binden uns keine schulpflichtigen Kinder an die
teure Hochsaison. Um so weiter kommen wir in der Welt herum
– und sehen vor lauter schwulen Touristen oft die Einheimischen nicht mehr.

Dafür haben wir schon bei der Anreise heftigst mit dem
Flugbegleiter geflirtet (der sich mit Champagner bis zum
Abwinken revanchierte). Wir haben die fünf schönsten unter
den anderen Schwulen an Bord über ihre weiteren Pläne am
Reiseziel ausgequetscht. Mit zweien sind wir bereits fest verab-
redet. Und wir haben den *Duty free*-Katalog geklaut, um in
Ruhe die Einkäufe beim Rückflug zu planen.

An der Hotelrezeption gibt es heutzutage kaum noch mißbilligende Blicke, wenn zwei Männer ein Doppelzimmer nehmen. Die Vorfreude auf fette Trinkgelder bringt oft im Gegenteil ein strahlendes Lächeln hervor — besonders bei hübschen Pagen. Besuch auf dem Zimmer, egal von wem oder was, ist aber in vielen Häusern nicht gestattet (gilt fairerweise auch für die Heten). Die örtlichen Gepflogenheiten (bzw. Bestechungssummen) sollten daher vorab erkundet werden.

Viele von uns verbringen im Urlaub tatsächlich „die schwulsten Wochen des Jahres". Sie sehen keine andere Möglichkeit, ihr Schwulsein „mal so richtig" auszuleben. Da wird dann manche Sau rausgelassen, die man zu Hause stets ängstlich versteckt hält. Der selbstbewußte Großstadtschwule rümpft pikiert das Näschen. Peinlich sind aber weniger die Exzesse der Urlaubsschwuchtel als die Umstände, die dazu führen.

Ferngay
Beliebte schwule Reiseziele — und ihre Reize

Das ideale schwule Urlaubsziel vereint Sonnenstrand, kulturelle Highlights und eine große Schwulenszene voller schöner Männer. Diese Idealkombination ist selten, daher machen wir auch schon mal ein paar Abstriche. Schließlich kann man sich zur Not mit vielen schönen Männern begnügen:

▶ Amsterdam

gilt als schwule Hauptstadt Europas. Das einschlägige Tag- und Nachtleben ist so vielfältig, daß kaum Zeit bleibt, die romantische Schönheit der Grachtenmetropole zu erkunden. Am *Koninginnedag* (30.4.) steht die Stadt vollends kopf, *Queens* aus aller Welt feiern mit ihren holländischen Freunden ein rauschendes Fest. Beliebtes Mitbringsel sind Spezialitäten aus einem der vielen *Coffeeshops*.

▶ Barcelona

Schon alleine die unglaublichen Wucherungen des *Modernismo* (katalanischer Jugendstil) entlang gewaltiger Boulevards lohnen die Reise. Unter der Woche ist Barcelona vor allem geschäftig (also fad); am Wochenende explodiert das schwule Leben in zahllosen Bars und Discos mit Schwerpunkt rund um die Ramblas und im Viertel Gracia. Im Sommer bietet das benachbarte Seebad Sitges ein schwules Strandvergnügen erster Ordnung.

▶ Budapest

hat wenig namhafte Sehenswürdigkeiten, ist aber mit eklektizistischem Gründerzeit-Design ein echtes Gesamtkunstwerk. In den zahlreichen Thermalbädern, allen voran das *Gellért*, kann man herrlich (ent-) spannen. Ansonsten ist die schwule Szene sehr überschaubar. Kontakte zu den Einheimischen werden zusätzlich durch die enorme Sprachbarriere erschwert – Ungarisch ist eine der fremdesten Fremdsprachen überhaupt. *Igen!*

▶ Gran Canaria

Die Dünen von Maspalomas (Cruising) und die vielen schwulen Etablissements locken Zigtausende unserer Brüder und Schwestern in den sonnenverbrannten Süden der Insel. Hier sind deutsche, britische und skandinavische Pauschaltouristen (fast) unter sich. Las Palmas, die Inselhauptstadt, bietet weniger Sonne, dafür im Touristenviertel Santa Catalina eine interessante schwule Infrastruktur und vor allem *echte Spanier*!

▶ Hawaii

Vor der Hochhauskulisse von Waikiki erstreckt sich ein end- und makelloser Sandstrand ohne Touristenrummel à la Mallorca. Nahebei der schwule Kuhio District mit Bars, Discos und Boutiquen. Man wohnt im *Hotel Honolulu*, ißt bei *Hamburger Mary's* zu Abend, tanzt unter freiem Himmel im *Hula's* und shoppt bei *Down Under* oder *80% Straight*. Die polynesische Bevölkerungsgruppe neigt leider zu extremer Fettleibigkeit, im Zweifelsfall trifft man nur auf durchreisende Australier oder kalifornische Wochenendtouristen. Und natürlich Deutsche.

▶ Ibiza

ist die kleine Schwester von Mallorca und Menorca und hat den Ruf, besonders hip zu sein. Das bedeutet leider auch extreme Auswüchse des Pauschaltourismus der Angeberklasse. Die historischen Viertel von Ibiza-Stadt konnten sich trotzdem einigen Charme bewahren und haben zusätzlich etliche schwule Etablissements hervorgebracht. Tunten aus aller Damen Länder verbrutzeln sich sommers am Strand ihre Haut.

▶ Kenia

Die natürliche Grazie der Schwarzafrikaner zieht immer mehr Schwule an. Wenn man schon mal da ist, macht man natürlich auch eine Fotosafari mit. *Die* zumindest ist ungefährlich, der Billig-Bums mit den Einheimischen hingegen riskant: In Kenia ist Aids extrem weit verbreitet!

▶ Key West

Schwule, Lesben und fette amerikanische Stinos streiten um die Vorherrschaft in der südlichsten Festlandgemeinde der USA. Sonnenbaden, schnorcheln, cruisen. Miete dir ein Fahrrad (ca. 10 Mark/Tag) und erkunde die Gegend. Die schwule Szene konzentriert sich entlang der Duval Street. Preiswert essen bei *Camille's*, abschleppen in der *801 Bar* oder im *One Saloon*, abhotten auf mehreren Ebenen im *The Copa*.

▶ London

hat als eine der größten Städte der Welt auch eine gigantische Schwulenszene zu bieten. Wo sonst dreht sich alles um eine *Queen*? Die Briten geben wenig auf Äußerlichkeiten; das macht die Stadt zusätzlich attraktiv für von der Natur stiefmütterlich behandelte Männer. Außerdem kann man ein halbes Jahr zubringen, die unzähligen klassischen Sehenswürdigkeiten abzuklappern.

▶ Los Angeles

ist die Welthauptstadt des *Beefcake*. Der sonnengebräunte, bodygebuildete kalifornische Mann gilt, nicht zuletzt durch die vielen hier gedrehten schwulen Pornos, als Schönheitsideal an sich. Achtung: Alles in dieser Stadt ist absolut oberflächlich! Trotzdem kann man sich in den schwulen Zentren West Hollywood und Silverlake bestens amüsieren.

► Madrid

hat sich nach Francos Abgang in Windeseile vom langweiligen Machtzentrum zur quirligen *Movida*-Metropole gemausert. Man genießt das Leben und feiert die Freiheit so exzessiv, als sei sie erst gestern gewonnen. Eine romantische Altstadt, das geschmackloseste Königsschloß der Welt (absolut *camp*), bombastische Prunkbauten und die Kunstschätze von *Prado* und *Reina Sofia* für den Tag. Eine große Schwulenszene mit Schwerpunkt um die Métrostation Chueca für die Nacht – die hier sehr spät anfängt und dafür um so länger dauert.

► Miami (South Beach)

Endlose Strände voller Designer-Beautys vor der Kulisse wiederaufgemotzter Art-déco-Hotels. Der typische Einheimische stammt aus Kuba, trägt tagsüber farbenfrohe *Armani*-Anzüge und nachts zeigefreudige Clubwear. Lechz! Das turbulente Treiben z.B. im *Warsaw* und *Paragon* hat sich allerdings in den letzten Jahren immer mehr zum „Tanz auf dem Vulkan" entwickelt. Muß ich deutlicher werden? Play it extra safe!

► Mykonos

ist als schwules Urlaubsziel in etwa das, was der Friseur als schwuler Beruf ist: Das Klischee an sich. Ein paar Jahre lang war es etwas ruhiger um den Felsbrocken in der Ägäis. Jetzt kommen wieder Scharen von Schwulen aus aller Welt, um am *Super Paradise* nackt zu baden oder sich an der Elia Beach einen Sonnenbrand zu holen. Nicht wenige bereuen dann beim nächtlichen Kneipenbummel durch die Inselhauptstadt, daß ihnen eine Rückenlage bis auf weiteres unmöglich ist ...

► New York

Gewaltig, brodelnd, faszinierend ... und zu Unrecht als gefährlich verschrien: Ein paar einfache Verhaltensregeln befolgen, und du bist in Manhatten sicherer als in Mannheim. Zumindest wird für Fußgänger gebremst. Das schwule Leben konzentriert sich im Greenwich Village rund um die legendäre Christopher Street (das *Stonewall Inn* existiert noch immer), mit Ablegern im East Village und in der Upper West Side. Eine Offenbarung ausschweifenden Treibens kann man allerdings heute nicht mehr erwarten – im Zuge der Techno-Bewegung haben wir Europäer ganz schön aufgeholt!

▶ Paris

zehrt von seinem Ruf als „Stadt der Liebe". Größenwahnsinnige Bauprojekte und ganze Armeen von Bustouristen haben die Stadt teilweise übel zugerichtet, doch ist sie nach wie vor ein Muß für Romantiker und Kulturtunten. Die enorme schwule Szene hat sich fast ganz auf der Rive Droite konzentriert, rund um Les Halles und rund um die Bahnhöfe St. Lazare, du Nord und de l'Est. Das „Leben wie Schwul in Frankreich" findet mehr als irgendwo sonst auf der Welt auch in Restaurants statt (wen wundert's). Französischkenntnisse sind wichtig, weil die Franzosen prinzipiell erwarten, daß jedermann ihre Sprache spricht.

▶ San Francisco

Die „Hauptstadt der schwulen Welt". Neben dem fast 100 Prozent schwulen Castro-Distrikt bietet auch das Künstlerviertel SoMa („South of Market") und die Gegend um die Polk Street jede Menge Anlaufpunkte. Tatsächlich kann man die ganze Stadt wunderbar zu Fuß erkunden. Wer über die Golden Gate Bridge latschen will, sollte allerdings mit dem Bus bis zur *Toll station* fahren, da er sonst schon Blasen an den Füßen hat, bevor's überhaupt losgeht. Auf der anderen Seite wartet Sausalito mit Boutiquen, Galerien und Antiquitätengeschäften auf. Delikates Essen (preiswert) mit Panoramablick auf die Skyline im *Spinnake*r, anschließend mit der Fähre zurück nach Fisherman's Warf.

▶ Sydney

macht vor allem durch den *Gay and Lesbian Mardi Gras* (eine Art homosexueller Rosenmontag) von sich reden. Alljährlich feiern Zigtausende dieses fröhliche Fest. Doch auch am Aschermittwoch ist längst nicht alles vorbei: Rund um die Oxford und Flinders Street und an der King Street brodelt es an 365 Tagen im Jahr. Man sollte aber nicht nur in den Kneipen versumpfen, denn diese Stadt hat einen ungeheuren Freizeitwert auch für Sportler und Sonnenanbeter.

▶ Sylt

Frische Meeresluft und die belebende Wirkung des Nordseewassers machen *Die Insel* zum Kurort; der schwule Gast findet auch einige Bars und Discos vor. Am schönsten ist es im Winter: absolute Ruhe, lange Strandspaziergänge, leckere Torte vom *Café Wien*. Wer mal für ein paar Tage aufs Nightlife verzichten kann und sich genügend warme Kleidung mitbringt, wird sich nach so einem Urlaub wie neugeboren fühlen. Gut gegen Streß und Falten.

▶ Thailand

Sextourismus. Sextourismus? Das muß ja nicht sein. Die Thai sind ein freundliches Volk, und ihr Land ist voller Schönheit. Auch solche, die sich nicht für ein paar lumpige Piepen auf die Matratze zerren läßt. Ob es nun eine aufregende Entdeckungstour zwischen *Klongs* und goldenen Pagoden in Bangkok wird oder einfach nur „Seele baumeln lassen" auf Koh Samui – alles an Thailand ist viel besser als sein Ruf. Oder jedenfalls besser als das, was scheinbar die meisten Touristen dort suchen.

Anhang

Solltest du das Pech haben, fernab von jeglichem Schuß zu leben, rufe einfach bei der dir nächstgelegenen Gruppe, Zeitschrift oder Switchboard an und frage nach, wo du in deiner Gegend fündig wirst. Hotlines und Beratungstelefone sowie die Büros von Gruppen oder Switchboards sind zum Teil nur stundenweise besetzt: Dranbleiben! Laß dich nicht abwimmeln. Wenn du dich nicht recht traust, sage einfach, du suchst etwas für einen Freund!

Internet: Einen breiten Überblick der schwulen Internet-Angebote bietet das Buch *Queerverbindungen − Lesben + Schwule im Datennetz*, ISBN 3-89656-005-0

Deutschland
Bundesweit

▶Bruno Gmünder Verlag/Versand
Tel. 030-615 00 30: Romane, Sachbuch, Erotik, Videos, Kalender, Reiseführer

▶BVH-Bundesverband Homosexualität
Tel. 030-441 24 98

▶Deutsche AIDS-Hilfe
Tel. 030-69 00 87-0

▶First
Tel. 0221-952 11 33: monatliche schwulesbische Zeitung (Politik, Kultur, Szene, Termine, Kontakte), kostenlose Verbreitung über Kneipen, Discos und Projekte

▶Homosexuelle Selbsthilfe e.V.
Tel. 069-46 50 68

▶ILGA International Gay & Lesbian Association
Tel. 0221-52 02 06

▶Jackwerth Verlag
0221-92 58 53-0; Belletristik, Sachbuch, Ratgeber

▶Männer aktuell
Tel. 030-615 00 30; monatliche Illustrierte (Politik, Kultur, Szene, Kontakte, Aktfotos), im Zeitschriftenhandel oder Abo

▶MännerschwarmSkript
Tel. 040-430 26 50; Belletristik, Sachbuch, Comics

▶Querverlag
Tel. 030-78 70 23 39; lesbisch-schwule Romane, Sachbuch

▶SVD Schwulenverband Deutschland
Tel. 030-201 08 04

▶Verlag rosa Winkel
Tel. 030-853 40 42; Romane, Sachbuch, Wissenschaft

Deutschland
Regional

▶Aachen (Vorwahl 0241):
Buchladen: Backhaus, Trichtergasse 14, Tel. 212 14
Gruppe: Schwul? Lesbisch? Na und? c/o AKIS, Kaiserplatz 19-21, Tel. 490 09
Zeitschrift: Stonewall, Tel. 54 37 36

▶Apolda (Vorwahl 03644):
Gruppe: Schwulengruppe Apolda, c/o AIDS-Hilfe Weimar e.V., Beratungsstelle Apolda, Bachstr. 41, Tel. 55 59 17

▶Augsburg (Vorwahl 0821):
Gruppe: SCHAU Schwulen- und Lesbengruppe Augsburg,
c/o ESG Zentrum, Völkstr. 27, Tel. 15 92 42

▶Bamberg (Vorwahl 0951):
Gruppe: Uferlos e.V., c/o Pro familia, Kunigundenstr. 24,
Tel. 247 29

▶Berlin (Vorwahl 030):
Buchläden: Prinz Eisenherz, Bleibtreustr. 52, Tel. 313 99 36;
Adam, Gleimstr. 23, Tel. 448 07 67
Gruppen/Switchboards: AHA, Mehringdamm 61,
Tel. 692 36 00 – Mann-O-Meter, Motzstr. 5, Tel. 216 80 08 –
Sonntags-Club e.V., Rhinower Str. 8, Tel. 449 75 90
Zeitschrift: Siegessäule, Tel. 030-230 82 70; Termine, Klatsch,
Kontakte; liegt mtl. kostenlos an vielen Treffpunkten aus

▶Bielefeld (Vorwahl 0521):
Switchboard: Autonomes Schwulenreferat der Uni BI,
c/o AStA, Tel. 106 34 24
Zeitschrift: What's up (c/o Aids-Hilfe, Artur-Ladebeck-Str. 26),
regionaler Newsletter

▶Bochum (Vorwahl 0234):
Buchladen: Schaten Unibuchhandlung, Querenburger Höhe 221,
Tel. 70 46 64
Gruppe: Rosa Strippe Schwulenberatung, Tel. 194 46

▶Bonn (Vorwahl 0228):
Buchladen: 46, Kaiserstr. 46, Tel. 22 36 08
Switchboard: Schwulen und Lesben ZENTRUM, Am Franken-
bad 5, Tel. 63 00 39

▶Braunschweig (Vorwahl 0531):
Buchladen: Magni, Ölschlägern 9, Tel. 424 29
Gruppen: Jugendnetzwerk Lambda Niedersachsen e.V.,
Karlstr. 97, Tel. 34 48 83 – VSE – Verein für sexuelle
Emanzipation e.V., Echternstr. 15, Tel. 33 24 32

▣Bremen (Vorwahl 0421):

Buchladen: Humboldt-Buchhandlung, Ostertorsteinweg 76, Tel. 777 21

Gruppe: SCHWAN Schwule Aktion, Kirchheide 49 (Bürgerhaus Vegesack, Raum E52), Tel. 66 28 76 oder 491 99 78

Switchboard: Rat & Tat Zentrum, Theodor-Körner-Str. 1, Tel. 70 00 07

▣Chemnitz (Vorwahl 0371):

Switchboard: CheLSI e.V., Rößlerstr. 9, Tel. 500 94

Zeitschrift: Queer, Tel. 0341/960 10 98; Termine, Kleinanzeigen und mehr; kostenlos an Szenetreffs

▣Cottbus (Vorwahl 03551):

Gruppe: Lebensart e.V., im I-Club, Bahnhofstr. 15, Tel. 47 43 43

▣Darmstadt (Vorwahl 06151):

Gruppe: Schwulengruppe Darmstadt, c/o AIDS-Hilfe, Saalbaustr. 27, Tel. 280 73

▣Dortmund (Vorwahl 0231):

Buchladen: Litfaß, Münsterstr. 107, Tel. 83 47 24

Switchboard: Kommunikations-Centrum Ruhr (KCR) e.V., Schwulen- & Lesbenzentrum, Braunschweiger Str. 22, Tel. 83 22 63

Zeitschrift: Rosa Zone, Tel. 914 30 72; Termine, Kleinanzeigen und mehr; kostenlos an Szenetreffs

▣Dresden (Vorwahl 0351):

Switchboard: Gerede e.V., c/o Haus der Jugend, Wiener Str. 41, Tel. 464 02 20

Zeitschrift: Queer, Tel. 0341/960 10 98; Termine, Kleinanzeigen und mehr; kostenlos an Szenetreffs

▣Düsseldorf (Vorwahl 0211):

Buchladen: Gegen den Strich Buchcafé, Bilker Str. 23a, Tel. 323 79 38

Gruppe: Schwulengruppe D'dorf, Tel. 36 42 60
Switchboard: LuSZD Lesben- und Schwulenzentrum,
Kronenstr. 74-76, Tel. 33 02 92
Zeitschrift: Facette, Tel. 28 14 04; monatlich; Kleinanzeigen &
Termine

▣Duisburg (Vorwahl 0203):
Gruppe: Homosexuelle Kultur Duisburg (HoKuDu e.V.),
c/o Aids-Hilfe, Friedenstr. 100, Tel. 66 41 15

▣Erfurt (Vorwahl 0361):
Buchladen: Haus des Buches, Juri-Gagarin-Ring 35,
Tel. 230 33
Gruppe: Homosexuelle Aktion Erfurt „J.J. Winkelmann" e.V.,
Tel. 225 25 56
Hotline (Beratung): Rosa Telefon, 731 22 33
Zeitschrift: Queaer, Tel. 0341/960 10 98; Termine, Kleinanzei-
gen und mehr; kostenlos an Szenetreffs

▣Essen (Vorwahl 0201):
Gruppen: Homosexuelle Initiative Essen (HIE), c/o Wiese,
Pferdemarkt 7, Tel. 20 76 77 − Rosa Aktionsgruppe Essen
(RAGE) *und* Schwule Jungs, *beide* c/o AIDS-Hilfe Essen,
Varnhorststr. 17, Tel. 23 60 96

▣Flensburg (Vorwahl 0461):
Gruppe: Flensburger Initiative und Treffpunkt für Schwule
(FL-ITS), c/o AIDS-Speicher, Segelmacher Str. 15, Tel. 256 18
Hotline (Beratung): Rosa Telefon, 213 47

▣Frankfurt/M (Vorwahl 069):
Buchladen: Oscar Wilde Buchhandlung & Versand, Alte
Gasse 51, Tel. 28 12 60
Switchboards: Informationszentrum für Männerfragen e.V.,
Sandweg 49, Tel. 95 04 46 − Lesbisch/Schwules Kulturhaus,
Klingerstr. 6, Tel. 297 72 96 − Switchboard, Alte Gasse 36,
Tel. 28 35 35
Hotline (Beratung): Tel. 194 46

▶Freiburg (Vorwahl 0761):

Buchladen: Jos. Fritz, Wilhelmstr. 15, Tel. 268 77
Gruppe: The Rosekids, Engelbergerstr. 3, Tel. 28 18 44
Hotline (Beratung): Rosa Hilfe e.V., Eschholzstr. 19, Tel. 251 61

▶Gera (Vorwahl 0365):

Hotline (Beratung): Tel. 710 63 03

▶Göttingen (Vorwahl 0551):

Gruppe: Coming-out Gruppe, c/o Pro familia, Rote Str. 19
(Di 20-22 Uhr)
Hotline (Beratung): Schwule Hilfe Göttingen S.H.G., Tel. 833 55
Switchboard: Göttinger Schwulenzentrum e.V., Immanuel-
Kant-Str. 1, Tel. 770 23 64

▶Hagen (Vorwahl 02331):

Gruppe: HIGH, c/o AIDS-Hilfe Hagen, Körnerstr. 82c,
Tel. 33 88 33
Hotline (Beratung): Gay Line Hagen, Tel. 33 88 33

▶Halle (Saale) (Vorwahl 0345):

Buchladen: Litfass, Rannische Str. 14/15, Tel. 202 42 63
Switchboard: Begegnungs- und Beratungszentrum „Lebens-
art" e.V. BBZ, Juliot-Curie-Platz 29/30, Tel. 512 51 03
Zeitschriften: Queer, Tel. 0341/960 10 98; Termine, Kleinan-
zeigen und mehr; kostenlos an Szenetreffs – Homo Sum,
Tel. 512 51 03; Monatsblatt für Schwule & Lesben

▶Hamburg (Vorwahl 040):

Buchladen Männerschwarm, Neuer Pferdemarkt 32,
Tel. 430 26 50
Switchboards: Hein & Fiete, Kleiner Pulverteich 17-21,
Tel. 24 03 33 – Magnus Hirschfeld Centrum, Borgweg 8,
Tel. 279 00-60/- 69
Zeitschriften: Hinnerk, Tel. 24 06 19; Termine, Adressen, Tips,
Kontakte, monatlich kostenlos an Szenetreffs – HGI Hambur-
ger Gay Information, Tel. 46 27 02; Termine, Adressen, Tips,
Kontakte, monatlich kostenlos an Szenetreffs

➡Hamm (Vorwahl 02381):
Gruppen: Rosa Engel, c/o AIDS-Hilfe, Werler Str. 105,
Tel. 55 75 (mit Coming-Out Gruppe)

➡Hannover (Vorwahl 0511):
Buchladen: Annabee Buchhandlung, Gerberstr. 6,
Tel. 161 05 38
Hotline (Beratung): Beratungsstelle für Homosexuelle, Tel.
194 46
Switchboard: HOME-Zentrum, Johanssenstr. 8, Tel. 36 36 33

➡Hoyerswerda (Vorwahl 03571):
Gruppe: Bubenkiste Hoyerswerda, Lieselotte-Hermann-Str.
28b, Tel. 726 67

➡Ilmenau (Vorwahl 03677):
Gruppe: SVD Landesverband Thüringen, Tel. 84 02 09

➡Ingolstadt (Vorwahl 0841):
Gruppe: Romeo & Julius e.V., c/o Bürgertreff „Alte Post",
Kreuzstr. 12, Tel. 30 56 08

➡Jena (Vorwahl 03641):
Gruppe: GAY'S Innung, c/o Aids-Hilfe, Liebknechtstr. 13

➡Karlsruhe (Vorwahl 0721):
Hotline (Beratung): Tel. 37 93 52 oder 247 44

➡Kassel (Vorwahl 0561):
ABC-Buchladen, Goethestr. 77, Tel. 77 77 04
Hotline (Beratung): Tel. 274 13

➡Kiel (Vorwahl 0431):
Buchladen: Zapata, Medusastr. 16, Tel. 77 83 23 und Jung-
fernstieg 27, Tel. 936 39
Hotline (Beratung): Tel. 194 46
Switchboard: HUCH! Schwulen- und Lesbenzentrum,
Westring 278, Tel. 194 46

▶Köln (Vorwahl 0221):

Buchladen: Ganymed, Kettengasse 3, Tel. 25 11 10
Hotline (Beratung): Tel. 194 46
Switchboard: SCHULZ Kölner Schwulen- und Lesbenzentrum,
Kartäuserwall 18, Tel. 93 18 80 80

▶Leipzig (Vorwahl 0341):

Buchladen: Connewitzer Stadtbuchhandlung, Specks Hof,
Tel. 29 47 03
Gruppe: RosaLinde Leipzig e.V., c/o Haus der Volkskunst,
Lindenauer Markt 21, Tel. 484 15 11
Zeitschrift: Queer, Tel. 960 10 98; Termine, Kleinanzeigen
und mehr; kostenlos an Szenetreffs

▶Lübeck (Vorwahl 0451):

Gruppe: Homosexuelle Initiative Lübeck (HIL), c/o ESG,
Königstr. 23, Tel. 746 19
Zeitschrift: Warmer Norden, Tel. 70 58 88

▶Magdeburg (Vorwahl 0391):

Gruppe: Arbeitskreis Homosexualität Magdeburg, c/o Ev.
Paulusgemeinde, Goethestr. 28, Tel. 34 44 02
Zeitschrift: Queer, Tel. 0341/960 10 98; Termine, Kleinanzei-
gen und mehr; kostenlos an Szenetreffs

▶Mannheim/Ludwigshafen (Vorwahl 0621):

Buchladen: Der Andere Buchladen, M2,1, Tel. 217 55
Gruppe: Schwule Aktion Mannheim e.V. (SchAM), Tel. 31 85 94

▶Mönchengladbach (Vorwahl 02161):

Hotline (Beratung): Tel. 450 55

▶Mühlhausen (Vorwahl 03601):

Hotline (Beratung): Tel. 44 62 18

▶München (Vorwahl 089):

Buchladen: Max & Milian, Ickstattstr. 2, Tel. 260 33 20
Hotline (Beratung): Tel. 194 46

Switchboard: Sub-Zentrum schwuler Männer, Müllerstr. 43,
Tel. 194 46
Zeitschriften: Südwind, Tel. 15 37 40; 14-tägige Zeitung mit
schwulen Infos aus München – Rosa Seiten, Tel. 380 19 10;
halbjährliche umfangreiche Infoschrift über die schwule
Szene

▣Münster (Vorwahl 0251):
Hotline (Beratung): Tel. 194 46
Switchboard: Schwulen- und Lesbenzentrum (KCM), Am
Hawerkamp 34, Tel. 66 56 86

▣Neubrandenburg (Vorwahl 03951):
Switchboard: Initiative Rosa-Lila, Stargarder Str. 10a/b,
Tel. 544 20 77

▣Nürnberg (Vorwahl 0911):
Buchladen: Männertreu, Bauerngasse 14, Tel. 26 26 76
Hotline (Beratung): Tel. 194 46
Switchboard: Fliederlich e.V., Luitpoldstr. 15/II, Tel. 22 23 77
Zeitschrift: Nürnberger Schwulenpost, Tel. 22 23 77; monatl.
Zeitung mit Info und Terminen, kostenlos in Szenekneipen

▣Osnabrück (Vorwahl 0541):
Gruppe: Schwule Coming-out Gruppe, c/o Lagerhalle,
Rolandsmauer/Heger Tot, Tel. 227 22

▣Passau (Vorwahl 0851):
Gruppe: HIP e.V., c/o Schwulenzentrum, Höllgasse 12,
Tel. 325 41
Hotline (Beratung): Tel. 719 73

▣Plauen (Vorwahl 03741):
Gruppe: S.L.I.P. e.V., c/o Rockingerclub, Walkgasse 7, Tel. 315 35

▣Regensburg (Vorwahl 0941):
Gruppe: RESI e.V. – Regensburger Schwulen- und Lesbeni-
nitiative, Blaue-Lilien-Gasse 1, Tel. 514 41

▶Rostock (Vorwahl 0381):

Buchladen: Die andere Buchhandlung, Wismarsche Str. 11, Tel. 492 05 13

Switchboard: Rat % Tat e.V. – Verein für Schwule und Lesben, Gerberbruch 13-15, Tel. 45 31 56

▶Saarbrücken (Vorwahl 0681):

Buchhandlung Berliner Promenade, Berliner Promenade 12, Tel. 326 70

▶Schwerin (Vorwahl 0385):

Gruppe: Klub Einblick e.V., Dr.-Külz-Str. 3, Tel. 764 97 20

Hotline (Beratung): Tel. 764 97 20

▶Stuttgart (Vorwahl 0711):

Buchladen: Erlkönig, Bebelstr. 25, Tel. 63 91 39

Gruppe: Initiativgruppe Homosexualität Stuttgart e.V., (ihs), Tel. 194 46

Switchboard: Schwul-lesbisches Zentrum, Weissenburgerstr. 28a (Hinterhaus)

▶Suhl (Vorwahl 03681):

Gruppe: Schwulengruppe Suhl, c/o BESEG, Am Bahnhof 15

▶Trier (Vorwahl 0651):

Hotline (Beratung): Tel. 194 46 und 277 99

Switchboard: SchMIT-Z, Mustrostr. 4, Tel. 425 14

Zeitschrift: Anstoss, Tel. 425 14; vierteljährl. Magazin mit Berichten, Terminen, Kleinanzeigen, kostenlos in Bars

Österreich
Landesweit

▶Connect (c/o BG Verlag

Tel. 01-983 51 31), Geschichten, Infos, Kleinanzeigen

▶HOSI Homosexuelle Initiative

Tel. 01-216 66 04

◘Lambda-Nachrichten
c/o HOSI Wien, Tel. 01-216 66 04, vierteljährl. Magazin
(Politik, Kultur, Kleinanzeigen)

◘Xtra
Termine, Klatsch, Kultur, Gesundheit, Kontakte;14-tägig
kostenlos in Szenetreffs

◘Aids-Informationszentrale
Tel. 0222-402 23 53

Österreich
Regional
◘Dornbirn (Vorwahl 05574):
Gruppe: Homosexuelle Initiative (HOSI) Vorarlberg,
Tel. 469 04 14

◘Graz (Vorwahl 0361):
Buchladen: American Discount, Jakoministr. 12, Tel. 83 23 24
Gruppe: Rosarote Panther – Schwul-Lesbische AG Steiermark,
c/o Simply Red, Mehlplatz 1, Tel. 82 82 80

◘Innsbruck (Vorwahl 0512):
Homosexuelle Initiative (HOSI) Tirol, Innrain 100 (1. OG),
Tel. 56 24 03

◘Klagenfurt (Vorwahl 0463):
Gruppe: Queer Klagenfurt, c/o BKS/VSStÖ, Villacher Str. 221,
Tel. 50 46 90
Hotline (Beratung): Tel. 50 46 90

◘Linz (Vorwahl 0732):
Gruppe: HOSI Linz, Schubertstr. 36, Tel. 60 98 98
Hotline (Beratung): Tel. 78 20 51

◘Salzburg (Vorwahl 0662):
Buchladen: American Discount, Alter Markt 1, Tel. 84 56 40

Hotline (Beratung): Tel. 43 59 27
Switchboard: HOSI Salzburg, Müllner Hauptstr. 11,
Tel. 43 59 27

▶Wien (Vorwahl 01):
Buchladen: Löwenherz, Berggasse 8, Tel. 317 29 82
Gruppe: HOSI Wien, Novaragasse 40, Tel. 216 66 04
Switchboard: Rosa Lila Villa, Linke Wienzeile 102,
Tel. 586 81 50
Zeitschrift: Xtra, Termine, Klatsch, Kultur, Gesundheit,
Kontakte;14-tägig kostenlos in Szenetreffs

Schweiz
Landesweit
▶Anderschume/Kontiki (a/k)
Tel. 01-272 84 40, vierteljährliches Magazin (Politik, Kultur,
Gesellschaft, Gesundheit, Termine, Kontakte)

▶Cruiser
Tel. 01-261 82 00, Gratis-Infozeitschrift über die schweizer
Schwulenszene

▶Kontakt
Tel. 01-313 15 05, zweimonatl. Magazin (viele Kontaktanzeigen), am Kiosk und kostenlos in Bars

▶Pink Cross
Tel. 031-372 33 00 Gruppe

Schweiz
Regional
▶Basel (Vorwahl 061):
Buchladen: Arcados, Rheingasse 69, Tel. 681 31 32
Gruppen: Homosexuelle Arbeitsgruppe Basel, Tel. 692 66 55
Verein Schwulen- und Lesbenzentrum Basel, Gärtnerstr. 55,
Tel. 631 55 88

Hotline (Beratung): Tel. 692 66 55
Zeitschrift: Senf, Tel. 681 31 32, wöchentl. Info & Termine

▶Bern (Vorwahl 031):
Buchladen: Stauffacher, Neuengasse 25, Tel. 311 24 11
Gruppe: Homosexuelle Arbeitsgruppe Bern (HAB),
Tel. 311 63 53
Switchboard: Anderland – Schwules Begegnungszentrum
Bern, Mühlenplatz 11, Tel. 311 11 97

▶Chur (Vorwahl 081):
Hotline (Beratung): Tel. 21 67 66

▶Luzern (Vorwahl 041):
Gruppe: Homosexuelle Arbeitsgruppe Luzern (HALU),
Tel. 410 35 32

▶Zürich (Vorwahl 01):
Buchladen: sec 52, Josefstr. 52, Tel. 271 18 18
Gruppe: Jugendgruppe Spot 25, c/o HAZ, Sihlquai 67/III,
Tel. 273 11 77
Hotline (Beratung): Tel. 271 70 11
Switchboard: Begegnungszentrum HAZ, Sihlquai 67/III,
Tel. 271 22 50

Biographie

Stephan Kring
lebt mit Mann und Katze in Berlin-Kreuzberg. Geboren und
aufgewachsen in tiefster Provinz, kam Stephan im Januar
1980 nach Berlin. Er war zunächst Tellerwäscher, brach
zwei Fingernägel und ein Architekturstudium ab, wurde
Software-Entwickler, Unternehmensberater, Anzeigen-
verkäufer und schließlich Redakteur der Stadtillustrierten
Prinz. Mitte 1995 startete Stephan seine sechste Karriere,
diesmal als freier Autor.

Bildnachweis

Kapitel 1 – Wenn ein Mann einen Mann liebt

Seite 8, (mea culpa); S. 11 (Hajo Remde); S. 12, 13 (Autor);
S. 14 (*Unofficial Gay Manual*); S. 15 (Archiv); S. 17 (*Unofficial Gay Manual*); S. 18 William Shakespeare (Diogenes Archiv); Friedrich der Große/Voltaire (Adolph von Menzel); S. 19 Oscar Wilde, Magnus Hirschfeld (Archiv); S. 20 W. Somerset Maugham (Diogenes Archiv); Cole Porter, Gustaf Gründgens (*Harenbergs Personenlexikon*); S. 21 Klaus Mann (edition spangenberg), Alfred Biolek (WDR); S. 22 (Greg Louganis: *Breaking the Surface)*; S. 25 – 29 (Bernhardt Link)

Kapitel 2 – Es werde Licht!

Seite 32 – 39 (Autor); S. 43 (Berhardt Link); S. 46 (Hajo Remde); S. 49–52 (Bernhardt Link)

Kapitel 3 – Absolutely Fabulous

Seite 58 (Gregory Preston); S. 60-61 (Gundula Wolter: *Die Verpackung des männlichen Geschlechts – Eine illustrierte Kulturgeschichte der Hose*, Jonas Verlag, 1988); S. 65 (Hajo Remde); S. 66–72 (Bernhardt Link); S. 74 (Archiv); S. 77 (Autor)

Kapitel 4 – Von IKEA bis Ikebana

Seite 78 (Autor); S. 83, 84 (Archiv); S. 87 (Hajo Remde);
S. 88, 89 (Autor); S. 90-92 (Bernhardt Link); S. 93 (Autor);
S. 94 (Autor);

Kapitel 5 – She works hard for her Money

Seite 98 (Helmut Röttgen); S. 99 (Bernhardt Link; S. 100 (Archiv); S. 101 (Bernhardt Link); S. 102 (Autor); S. 103

Krankenpfleger (Andrea Dawid), Verkäufer (Archiv); S. 104, Flugzeug (Archiv), Berufsschwuler (Bernhardt Link); S. 105 (Archiv); S. 107 (Hajo Remde); S. 109 (Autor); S. 110 (Archiv); S. 111 (First)

Kapitel 6 – Kinder, heut' abend da such ich mir was aus

Seite 112 (Helge Jakubowski); S. 114 (Archiv); S. 115, Schwimmbad (*EuroGames 1996*), Klappen, Sportstudio (Archiv); S. 116, TeleErotic, Park (Archiv), Verein (*EuroGames 1996*); S. 117 (Archiv); S. 118 (Hajo Remde); S. 120–124, S. 127, S. 135 (Bernhardt Link); S. 138 (Archiv); S. 141 (*Unofficial Gay Manual*)

Kapitel 7 – Auf ewig Dein

Seite 142 (Autor); S. 145 (Jan Laute, Holger Klingenberg); S. 148 (Hajo Remde); S. 155 (Andrea Dawid); S. 157 (West); S. 160 (Eva Wagendristel); S. 161, S. 165, S. 167 (Autor)

Kapitel 8 – Kinder des Olymp

Seite 168 (Stefan F. Schlesinger); S. 170 (Archiv); S. 174 (Tobis); S. 175 (NDR); S. 176 Kuckucksei (Metropol-Film), Nicht der Homosexuelle ... (ARD); S. 177 Harvey Milk (Archiv), Westler (Edition Salzgeber); S. 178 (Internet); S. 179 (Archiv); S. 182 (*Unofficial Gay Manual)*; S. 183 (Internet); S. 184 (Hajo Remde); S. 186 Trude Herr (EMI); Helga Hahnemann (Karl-Heinz Golka: *Helga Hahnemann – „Mensch, wo sind wir bloß hinjeraten!"*, Ullstein Verlag, 1993), Tammy Waynette (Sony Music), Elisabeth Taylor (Vox), Barbra Streisand (Columbia), Inge Meysel (Quadriga), Hildegard Knef (WDR), Dolly Parton (Timothy White), Joan Crawford, Marlene Dietrich, Bette Davis (*Leading Ladies*, Orbis Verlag, 1985),

Grace Jones (Island); Marianne Rosenberg (Ariola), Zarah Leander (Autor)

Kapitel 9 – Dann mach' ich mir einen Schlitz ins Kleid

Seite 188 (Ralf König); S. 192 (*EuroGames 1996*); S. 193 (*Unofficial Gay Manual*); S. 194-195 (Bernhardt Link); S. 198 – 200 (Autor); S. 201 (edel); S. 203 (Hajo Remde); S. 204 (Bernhardt Link); S. 205 (Tiziano Bedin); S. 206 (*EuroGames 1996*); S. 208 Jeff Stryker (AMC), Berlin Techno Dreams (Cazzo Film); S. 209 (Jan Laute, Holger Klingenberg)

Autorenfoto: David J. Martin
Coverfoto: Bernhardt Link

Danksagung

Besonderen Dank geht an folgende Models: Frank Behnke, Michael Beitner, Alexander Binder, Mike Éliàs, Anja Gerulles, Thomas Grimm, Frank Heibert, Geneviève Hesse, Matthias Knapp, Thomas Koch, Karl Kreile, Jens Mehrtens, Angelika Pätzold, Bertram Pfister, Hajo Pries, Renée Schauecker, Stefan Sossna, Cornelia Stauß, Michael Thiel, Tino Trautmann, Walter Weihrauch.

Ich möchte mich auch bei Axel Schock bedanken, dessen Buch *I'm crazy for das Holzfällerhemd – Ein schwules Kompendium unnötigen Wissens, wahrer Worte und unglaublicher Dummheiten* (magnusbuch, 1995) zahlreiche Zitate lieferte.

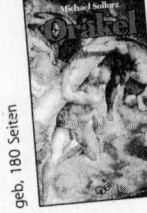